Jeni Wilson
Lesley Wing Jan

増補版 「考える力」は
こうしてつける
THINKING FOR THEMSELVES

ジェニ・ウィルソン＆レスリー・ウィング・ジャン
吉田新一郎……訳

新評論

まえがき

「考えることは、実は一番難しいのよね」

　これは、私たちがこの本を書き始めてから２年目に入ったときに言ったレスリーの言葉です。彼女は、自分の頭の中でいろいろと思考をめぐらすことの難しさについて言ったのですが、私にとっては、この本の必要性を言い当ててくれたような気がしました。「考えること」を考えるということは容易なことではなく、それを「教える」となるとより一層難しくなります。

　本書は、「振り返り能力」や「自らの学びについて自ら考える力」（以下、「メタ認知能力★1」とする）について、私たちが考えたり、教えたり、学んだりした記録です。この本で紹介している様々なアイディアを熱心に試してくれた生徒や先生たちに感謝すると同時に、その期間中に発見した三つのことを特筆しておかなければなりません。

　まず最初は、**絶対に生徒たちを過小評価してはいけない**ということです。大人の私たちにはできない、思考の明快さと表現の平易さを彼らはしばしば見せてくれました。たとえば、「自分で振り返っているときに私は学んでいるということを強く感じました」と、ある生徒は自分のジャーナル（学習日誌）に記録していました。

　２番目として、生徒たちだけでなく**教師にとっても同僚と一緒に作業をすること**は、やる気を維持し、「振り返り能力」や「メタ認知能力」を高める際には大切であるということです。

....

★1★「メタ」は、「超」「…を超えた」「…より包括的な」という意味です。ここで「認知」としている cognitive は「認識する」という意味です。

2　まえがき

　そして3番目は、「考えること」を扱うとき、**教室の中で実際に試してみること**が不可欠だということです。

　思考について書かれた記録が、最新のものであるということは決してありません。絶えず振り返っている実践家は、常に変わっているからです。別な生徒の言葉を引用します。

　「振り返りは、改善するための方法を考えることです」

　したがって、思考についての記録を取るということは、考えを明快にしたり、発展させたりするのに役立ちます。私たちは、教師や生徒の皆さんがジャーナルなどを使って記録をとることをおすすめします。

　エルサム東小学校と、メルボルン大学教育研究所の生徒や教員たちに感謝します。彼女たちは、私たちにたくさんの考える材料を提供してくれました。また、それ以外の、この本の完成までに協力してくれた人たちにも感謝します。そして、私たちの連れ合いにも感謝します。長い間辛抱してくれただけでなく、食事の用意をしてくれ、エネルギーを与えてくれ、そして励ましてもくれたのですから。

　最後に、本文中で引用させてもらう文章も含めて、必ずしも常に出典を明らかにはしていませんが、私たちの思考に役立つ様々なアイディアを出してくれた人たちに感謝します。

　これから先、あなた自身が書く本および思考（どちらが先か分かりませんが）に対して幸運を祈っています。

ジェニ・ウィルソン

レスリー・ウイング・ジャン

もくじ

まえがき ……………………………………………………………… 1

解説 …………………………………………………………………… 9

パート **1** 生徒たちに自分で考えさせる教室と授業をつくり出す

第 **1** 章 教師と振り返り　12

自分の教え方について考える ……………………………12

よく問われる質問への答え ………………………………15

実際に振り返りとメタ認知を導入した授業と学びの具体例……23

第 **2** 章 自立した学習者を育てる　32

ポジティブな学習環境をつくり出す ……………………32

年度の当初にすべきこと …………………………………37

お互いを知りあうための活動 ……………………………39

セルフ・エスティームの活動 ……………………………44

チームづくりの活動 ………………………………………49

第 **3** 章 単元を計画する　55

教科を統合した単元をつくる ……………………………55

計画の概略 …………………………………………………57

4　もくじ

パート2　振り返りとメタ認知能力を磨くための方法

第4章　交渉　78

交渉と授業 ……………………………………………79
交渉のスキル …………………………………………81
契約と交渉 ……………………………………………85

第5章　質問　91

何故、質問か？ ………………………………………91
質問の種類 ……………………………………………93
質問を効果的に使う …………………………………98
質問をつくり出す力と思考力を育てるための活動 ……99
自問、自分との対話、自己評価 …………………106
フィードバックを提供する ………………………114

第6章　ジャーナル　117

ジャーナルとは何か？ ……………………………117
何故、ジャーナルを使うのか？ …………………118
ジャーナルを使う人をサポートする ……………119
ジャーナルの種類 …………………………………121
ジャーナルを有効に活用する ……………………123

第**7**章　概念図　132

概念図とは何か？　……………………………132
図をつくる際の手順　……………………………134
教え方の手順　……………………………136
様々な図の描き方　……………………………140

第**8**章　自己評価　149

評価と評定の関係をはっきりさせる　……………………149
生徒を巻き込む　……………………………150
自己評価とグループ評価　……………………153
ポートフォリオ　……………………………163
評価基準表づくり　……………………………166
生徒中心の三者面談　……………………………168
何故、あえて自己評価やグループ評価をするのか？　…170

第**9**章　成功の鍵　175

振り返りとメタ認知能力の成長に影響を及ぼす要因　…176
自立的な学習者としての教師と生徒　……………………179
振り返りとメタ認知能力を養うための方法　………………180

訳者あとがき　……………………………185

増補　みなさんに伝えたいこと──「訳者による解説」　………187
学習するなかでの「振り返り」の大切さ　188
「パート1」で重要な点　190
　欧米と日本のアプローチの違い　190
　自立した学習者を育てる　191

6　もくじ

クリティカルな思考　194

調べ学習 VS 探究学習　195

「生徒たちが（いまより何倍も）考えたり、話せる」ことの大切さ　198

カリキュラム・マネジメントについて考える　199

「パート2」で紹介されている五つの方法について　200

交渉　200

質問／自問　201

ジャーナル　202

概念図　203

自己評価　203

第9章で大切にしたいこと　206

本書をさらに自分のもにするための質問リスト　206

上記の質問を深めるためのブックガイド　208

「訳者による解説」で紹介した本の一覧　210

用語解説　…………………………………………………………211

ワークシート　…………………………………………………212

参考文献一覧　………………………………………………222

増補版　「考える力」はこうしてつける

THINKING FOR THEMSELVES: Developing Strategies for Reflective Learning

by Jeni Wilson and Lesley Wing Jan
Copyright © 1993 Jeni Wilson and Lesley Wing Jan

Japanese translation published by arrangement with Eleanor Curtain Publishing
through The English Agency (Japan) Ltd.

解　説

*振り返りの本質とそのプロセスの理解を高めることは、より意味のある
教え方および学び方の基礎である。*

(Baird, 1991, p.95)

　教師と生徒の両者にとって「振り返り」は、私たちが日常していることに極めて
有効な情報を提供してくれるので、行動や体験を**常に振り返る**ようにしたほうがい
いでしょう。

振り返りには、起こったことについての分析や判断が伴われており、学びのすべて
の面において欠かせないものです。それは、学ぶ前、学んでいる間、そして学んだ
後に行われるために思考過程のほとんどに関連することになります。
メタ認知能力（自らの学びについて自ら考える力）とは、各人がもっている思考過
程についての知識や、その過程をモニターしたり[1]制御したりする力のことを言いま
す。これには、学習者が自らの学びを分析したり、振り返ったり、モニターするこ
とが求められます。メタ認知、すなわち認識することについての自覚や知識やコン
トロールは、意識的に振り返った場合の結果と言えます。
メタティーチングとは、教師が自分の考えていることや教えていることを振り返っ
たり、理解したり、改善しようとしていることを言います。生徒たちに振り返りや
メタ認知のスキルの向上を促すのと同じように、教師もまた、振り返ったり、反応
したり、改良したりするための時間が必要です。

　**振り返りのスキルや方法を身につけるためには、意味のある学習活動に組み込ま
れた、継続的かつ繰り返しの練習が必要で、後で思いついたように付け加えられた
ようなものではだめです。**

★1★「モニター」は一般的には「監視する」と訳されますが、ここではそれほど強い意味ではとらえたく
ありません。「定期的に確認する」というニュアンスです。

具体的な例としては次の四つがあります。

❶ジャーナル（第6章参照）

❷概念図（第7章参照）

❸交渉（第4章参照）

❹質問（第5章参照）

　生徒たちには、こうしたスキルや方法が、問題解決や生活の中で直面する様々な状況で使えることを認識させる必要があります。この本を通じて、教師と生徒の両者にとって振り返りのプロセスがいかに大事であるかを繰り返し述べていきますが、それだけでなく、振り返りのプロセスを意識したり、練習したり、評価する方法についても紹介していきます（第8章参照）。

　私たちは、生徒たちに学ぶことを常に期待していますが、学んだことについて考えることを教えたことはほとんどありません。このことを、おかしいと思ったことはありませんか？　よく考えてみてください。

　私たちは、皆さんが学んだことを振り返り、そして、振り返りつつ学ぶことを楽しむよう願っています。

パート

1

生徒たちに自分で考えさせる
教室と授業をつくり出す

■

第 **1** 章　教師と振り返り

学習者が、自分のパフォーマンス[1]*を自己評価できるようになることは大切なことである。そのためには、それを積極的に教えることはもとより、自己分析したり、自問することなどを、教師自らがモデルとして示す必要がある。*

(Ministry of Education, 1989, p.14)

自分の教え方について考える

　子どもたちにとってもそうであるように、（学習者としての）教師も自分のしていることをモニターすることは大切です。教師は自分が教えていることや学んでいることについて振り返るだけでなく、生徒たちに対して、振り返り方やその必要性を説明しなければなりません。そうすることによって、初めて、振り返りの方法をモデルとして示すと同時に実践していると言えます。そして、そのような実践を通じて、振り返りとメタ認知能力（自らの学びについて自ら考える力）が教える際に欠かせないものとなっていきます。

第1章　教師と振り返り　　13

(1) 実践に向けて助けになる前提

● 振り返りの方法が繰り返し使われることによって、生徒たちのメタ認知能力は向上する。

● 教師にとっても生徒にとっても、振り返りを学びの中心に位置づける。

● **振り返りとメタ認知のスキルと方法を身につけることによって、生徒が自らの学びの責任を担う能力は飛躍的に向上する。**逆に言えば、自分の学びに責任をもつことは振り返りとメタ認知能力を向上することになる。

● 振り返りとメタ認知のプロセスは変化をもたらす。変化は、プロセスや結果に対する不安や心配や恐れや危険が伴う。しかも、しばしば何か新しいものをつくり出すことがある。もし、変化が成功したり望ましい場合は、興奮、是認、満足、やる気の増進などが学習者にもたらされる。

● 教え方・学び方の様式の変化には、時間と努力と練習が必要である。変化の程度と変化に要する時間は、提供されるサポート、承認、誉められること、手本、指導、振り返りの量にかかっている。

● チーム学習[2]は振り返りやメタ認知能力を奨励し、学習者自らの責任をもたせる前向きな学習環境をつくり出すのに役立つ。

(2) 考える教師へのアドバイス

　振り返りとメタ認知能力を生徒たちに身につけさせることは、決して教師一人ではできません。学習者本人である生徒はもちろんのこと、カリキュラムやそのほかを構成する学校の体制にもかかわってきます。そして、生徒たちに現れる変化は、

★1★ パフォーマンスとは、知識を理解したり、技能や態度を身につけるためにする行為や表現のこと。

★2★ 英語では「cooperative learning」といい、「協力学習」や「協同学習」と訳されていますが、ここではメンバー全員の努力や貢献が欠かせないことを強調してあえて「チーム学習」としました。教師からの一方的な教授ではなく、一人ひとりの学習者が積極的に学びのプロセスに参加することによって学習効果が上がると考えられています。特に、学習者同士が教えあったり、協同で分担しながら課題に取り組んだりする方法で、1人でもできてしまうような課題を3人から6人ぐらいのグループに出すことはしません。本書の50〜51ページの活動は、典型的なチーム学習の例です。この方法は、人間の学び方は社会的である（仲間と一緒に話し合ったり、作業をしたりする方がよく学べる）という考え方に基づいています。チーム学習についての推薦書は以下の通りです。『テーマワーク』開発教育センター著、（入手先：国際理解教育センター　e-mail：eric@eric-net.org）、『学習の輪』D. W. ジョンソン他著、杉江修治他訳、二瓶社、『協同による総合学習の設計』Y. シャラン＆S. シャラン著、石田裕久他訳、北大路書房。

課題は、生徒たちが協力して取り組め、振り返れるように組まれている。

評価の仕方なども含めて、教え方や学び方の多様な要素を経てもたらされます。つまり、変化はいろいろなレベルで起こらなければならないので時間がかかります。

- 振り返りとメタ認知能力は価値のあるものとして位置づけられ、みんなが支援を受けられやすい環境の中で、**教師と生徒が共に練習をする必要がある。**
- 教師も生徒も時間を設定して、自分たちのパフォーマンスを振り返る練習をする。その際、仲間と一緒にすることでやる気が増す。
- 学習者が意味を感じられる内容を扱いながら、振り返りとメタ認知能力を身につけられるようにする。
- もし、生徒自らが振り返りやメタ認知能力の向上を図る重要性を認識するのであれば、**教師と生徒たちの間における人間関係と力関係は変わる必要が出てくる。**
- 振り返りとメタ認知能力の向上には、チーム学習ができるスキルと振り返りの方法を身につけるために時間をかける必要がある。
- **評価の方法は、チーム学習や振り返りを促進するものであることが望ましい。**[★3]たとえば、テストのような競争をあおるような評価は、生徒たちの協力的でかつ正直な振り返りだけでなく、創造力も阻害することになる。

よく問われる質問への答え

⑴ 何故、これが学ぶときの効果的な方法なのですか？

　効果を定義したり評価することは難しいことですが、思考力の発達をモニターすることは可能です（振り返りとメタ認知能力については、20〜21ページを参照）。思考力は、知識が使いこなされるのを助けてくれるので、学ぶ際には極めて重要となります。自分たちの思考に気づき、それをコントロールできることで、教師と生徒は元気づけられます。このことは、やる気が増したり、失敗を恐れずに試してみたり、セルフ・エスティーム★4や自立を促すといったことと関係しています。

　もし、学びは知識と技能と態度と価値で構成されていることを受け入れるのであれば、メタ認知はどこに位置づけられて、それはどのようにして学びをさらに良いものにしてくれるのでしょうか？　図1−1はその関連を示しています。

　図1−2は、振り返りのプロセスがメタ認知を導き出し、それがより良い意思決定を生み出すことを示しています。これは、生徒にとってはより効果的な学びを、教師にとっては変化をもたらすだけでなく教えることの改善ももたらします。

　メタ認知の程度は様々です。当然のことながら、かかわる人や与えられた課題、置かれている状況など、以下のような点によって影響されます。

- 課題と自分自身に対する自信の程度
- 教え方・学び方のスタイル★5
- 教える人・学ぶ人の性格

★3★チーム学習や振り返りを促進する評価の方法としては、第8章で紹介されるポートフォリオや評価基準表づくりや生徒中心の三者面談、あるいは小グループでプロジェクト（テーマ）学習に取り組み、それを発表したりする方法などがあります。

★4★「セルフ・エスティームとは、自分のことを肯定的に認め、自分に自信をもち、自分自身の価値を認めていることを意味します。これは、うぬぼれや、独り善がりや、虚栄心などを含んでいません。自分のことが好きであり、それゆえ大切であると感じることです。この感覚が十分に備わっている人は、単に自分に対してだけではなく、他人に対しても価値を尊重するようになるといいます。すなわち、寛大で、ここ温かく、豊かな人間関係を形成することができるのです。また、セルフ・エスティームが備わっていると、困難な場面に出合っても、自分自身で解決していこうという意思と行動力を身につけることができるといいます」（『人間関係を豊かにする授業実践プラン50』小学館・教育技術MOOK、26ページより。またこれには、セルフ・エスティームを育てる事例などが多数紹介されています）

16 パート1 生徒たちに自分で考えさせる教室と授業をつくり出す

図1-1 学びとメタ認知の関係

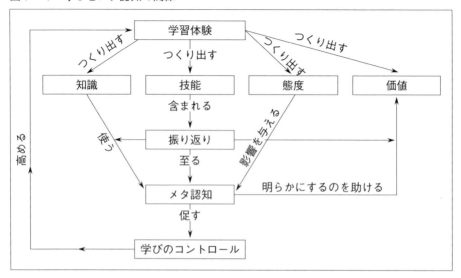

図1-2 振り返りのサイクル

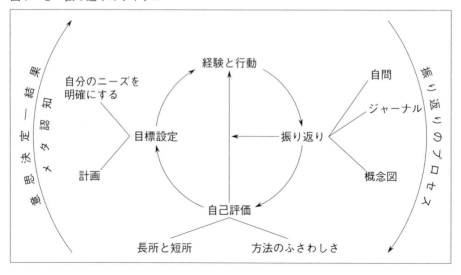

第1章 教師と振り返り　17

- 課題に関連したこれまでの経験
- やる気のレベル
- 課題の目的
- 利用できるサポート
- 失敗を恐れずに試してみることが奨励される度合い
- 振り返り、練習、考えの修正などに使える時間
- 実際に提供されたサポートとフィードバック

⑵ このアプローチを伝統的な学びのアプローチと比較して 何が違うのですか？

　このアプローチは、主体的で責任のある学習者を勇気づけます。このアプローチは、学習者が自ら意思決定することを奨励し、良かったことや改善を要することについて振り返る時間を提供し、さらに自らの目標を設定するのを助けます。

　それに対して伝統的なアプローチでは、生徒は教師に、何を、いつ、どのようにしたらいいのかを言ってもらわなければ何もできません。生徒は、自分たちの過ちを直してもらうことも含めて教師に依存しています。生徒たちは、しばしば欲求不満や脅威を感じ、また無力感も味わっています。一方、教師たちはいつも、「生徒たちが間違いから何も学ばない」、「自分たちでは何も考えられない」、そして「何も覚えられないので常に反復練習を繰り返さないといけない」とこぼしています。いずれにしても、生徒たちは学んだことを日々の生活の中で応用することができないのです。

★5★私たちはみんな多様な学び方をもっています。たとえば、分かりやすい分け方として、①見たり、聞いたり、読んだりして学ぶタイプ、②じっくり考えることによって学ぶタイプ、③動いたり、実際に試してみることによって学ぶタイプ、④フィーリング（感情）や直感などを大切にする形で学ぶタイプ、です。今の学校は、どのタイプの学び方に最も適しているでしょうか？　もう一つ、最近知られるようになってきたものに、人がもっている能力を踏まえた学び方としてマルチ能力というのがあります。①言語能力、②論理的─数学的能力、③空間能力、④身体─運動能力、⑤音感能力、⑥人間関係形成能力、⑦自己観察・管理能力、⑧自然との共生能力です。

　前述の四つの学び方のタイプもマルチ能力も、いずれも私たちは一つしかもっていないというのではありません。得意なのと、そうでないものがあるということです。教える際に、自分の得意なものやこれまでの習慣で教えるのと、すべてではないにしても、ほかの学び方や能力を踏まえて教えるのとでは学ぶ側の反応がかなり違ったものになります。詳しくは、『マルチ能力が育む子どもの生きる力』（トーマス・アームストロング著、小学館）と『効果10倍の教える技術』（PHP新書）を参照してください。

18　パート*1*　生徒たちに自分で考えさせる教室と授業をつくり出す

表1-1　学びの二つのアプローチの比較

	伝統的なアプローチ	自立的—振り返りのアプローチ
出発点	知識の伝達	生徒の長所や短所
目的	知識の蓄積	責任ある学習者を育てること
学習者の役割	受動的な受け手	主体的な意思決定者
教師の役割	情報の伝達者	ファシリテーター★6
成功の指標	テストの点数の変化	自分で考えを応用できる 目標に向けた計画が立てられる
学び	すでに決まっている	失敗を恐れず自分でつくり出す
環境	一斉授業	チーム学習
教師と生徒の関係	教師は間違いを訂正する	双方通行、肯定的、常時、具体的
質問の仕方	閉じた質問	開かれた質問
フィードバック	答えがあっているかの判定のみ	勇気づけ、励ます内容
組み立て	決まった時間と進め方	柔軟（生徒の考えも踏まえる）

　表1-1は、二つのアプローチの違いを分かりやすく示しています。

⑶ 思考を評価することは可能ですか？

　思考を評価することは、特に伝統的な教え方を使った場合においては難しいですが、決して不可能ではありません。第8章で紹介するように、これまでとは違うたくさんの評価方法が、生徒たちの思考についての貴重な視点を教師に提供してくれます。さらに良いことは、それらが生徒自身に自分の思考や学びをモニターしたり、評価させたりすることです。

　振り返りやメタ認知能力のリスト（20〜21ページや212ページの「ワークシート1」）が、それぞれをモニターすることを助けてくれるでしょう。

⑷ 効果的に考える人はどんなことをしているのですか？

　自分の思考や学びをモニターしたり、改善するために思考力を使える生徒は、メタ認知の能力もあわせもっています。メタ認知能力をもった効果的な学習者は、以下のようなことができます。

●判断ができる。

第1章　教師と振り返り　　19

- 状況にあった適切な方法を選べる。
- 自己評価ができる。
- 自分の目標を設定できる。
- 自分の目標に向かって行動できる。

　効果的な学習は、学習者が知識を獲得し、自分の学びをモニターしたりコントロールしたり、責任がとれる能力と関連してしばしば理解されています。メタ認知能力のある人は自分の思考に気づいており、様々な思考方法を使い分けることができます。彼らの学びは、自らの振り返り、創造力、クリティカルな思考能力などによってより強力なものになります。

⑸「振り返り」とはいったい何ですか？
　振り返りは、普通、過去の出来事との関連としてとらえられがちですが、それはこの思考法の一面を表しているにすぎません。振り返りができる人は、以下のようなことができます。
- 過去ないし現在の考えや、予想される未来のこととも結びつけることができる。
- 質問したり、自問することができる。
- 自分自身や状況を評価することができる。

　「振り返ることのできる教師は、経験したことをじっくり考え、とり得る行為の可能性を熟慮し、予想される出来事や行為に照らしあわせながら自分のやるべきことを設定することができる」と、バーチャルは主張しています（Birchall, 1992, p.29）。
　振り返りは、たとえば他の可能性を考えるときは創造的なアプローチを必要とするので、他の思考力とも深く結びついています。振り返りは、時には創造的思考をもたらしますが、その逆の場合もあります。振り返りはまた、質問することや評価することが、仮説を立てたり、推論したり、予想したり、様々な情報を構成したり

★6★生徒こそを主役と位置づけていますから、ファシリテーターとしての教師は、生徒たちが知識・技能・態度・価値を自らつくり出したり身につけるのをサポートするために、自らがそれをモデルで示し、また生徒同士の教えあいや学びあいの環境をつくり、時間内に物事がスムースに運ぶことに努めます。

20　パート *1*　生徒たちに自分で考えさせる教室と授業をつくり出す

するなどのクリティカルな思考ともつながりあっています。

⑹ 振り返りとメタ認知能力は、
どのようなスキルを含んでいるのですか？

　振り返りとメタ認知能力ともに、自分自身の思考を考えたり、学びを考えたり、提示されたアイディアをそれまでの体験と結びつけたりするようなことを含んでいます。そして両者とも、創造的思考、クリティカルな思考、そして自己評価のスキルも含んでいます。生徒たちは、自分の考えに基づいて行動したときに「メタ認知ができた」と言えます。

　上に挙げたスキルは緩やかにまとめられており、相互に排除するものではありません。また、順序だてて並べてもいません。実際には、扱う課題や目的、そのときの学習者の自信などによって重複する部分があったり、場合によっては、必要だったり必要でなかったりするものもあります。

⑺ 振り返りやメタ認知のできる生徒は、
具体的にどんなことができるのですか？

● 質問
● 自問
● 今、検討中のアイディアを、過去の経験、現在進行中の経験、そして将来予測される経験と結びつけられる。

クリティカルに考えられる

❶調べる
❷明らかにする
❸構成する
❹推論する
❺応用する
❻一般化する
❼仮説を立てる

❽予想する

❾評価する

❿まとめる

創造的に考えられる

❶新しいアイディアをつくり出す

❷他のアイディアを見つけ、考えられる

❸適応性がある

❹あらゆる可能性を追求する

❺与えられている前提を疑ってみる

自分の思考や学びの情報を使いこなして

❶判断できる

❷状況にあった適切な方法を選べる

❸自己評価できる（自分に適した学び方、長所、短所など）

❹自分の目標を設定できる──計画を立てられる

❺自分の目標に向かって行動できる

表1－2は、振り返りとメタ認知能力との関連をまとめたものです。

表1－2　振り返りとメタ認知能力との関連

振り返り	メタ認知能力
● 質問 ● 自問 ● 今検討中のアイディアを過去・現在・予測される経験と結びつけられる ● 評価する ● 応用する ● 仮説を立てる ● 他のアイディアを見つけ、考えられる	思考や学びの情報を使いこなして ● 判断できる ● 状況にあった適切な方法を選べる ● 自己評価できる ● 計画を立てられる ● 目標に向けて行動できる

⑻ 生徒たちの振り返りとメタ認知能力を養成するために、 教師は何を知っていて、何をしなければいけないのですか？

　最初に、しかも最も重要なことは子どもたちを信頼することです。そして、子ども自身が自分の学びの責任をとるということや、生徒の積極的な参加は学びの楽しさや価値を増すことになるということについても信じることです。生徒たちが自立的に、と同時に互いに協力しあって学べるクラスの環境をつくり出せるかどうかは教師の責任です。教師は、生徒たちに期待していることをはっきりさせ、練習する時間を提供し、思考と学びの方法を自分がやってみせなければなりません。

⑼ 学齢期前の子どもたちも振り返れるのですか？

　もちろんできますし、実際にしています。それも、学校に通い始めるはるか前からです。そうでないと、学ぶことができません。もちろん、自分の学びについて考えるということについては慣れていないかもしれませんが。ちなみに、小学校以上の子どもたちには、振り返りの能力を身につけるために教師は以下のようなことができます。

- 自分が考えているとき、それを声に出す。
- たくさんの質問をする。
- 失敗を恐れずに新しいことにチャレンジしてみることを奨励する。
- 振り返りの時間を確保する。
- 自己評価をさせる。
- 授業を計画する際には、問題解決やチーム学習を取り入れる。
- 積極的に自立的な態度や行動をサポートする前向きなクラスの雰囲気をつくる。

⑽ すでにカバーしなければいけないことがありすぎるカリキュラムに、 振り返りとメタ認知能力をどのようにして加えるというのですか？

　振り返りとメタ認知能力を養うことは、学びにとって不可欠な要素であると同時に、生徒が自分自身の学びや行動に、今まで以上の責任をもつ自立的な学習者を志向する場合には、絶対不可欠な要素であると理解する必要があります。このことは、私たち人間がどのように学ぶのかという学びの原則[7]に基づいています。したがって、

振り返りとメタ認知の方法は教え方の幅を広げるものであって、扱う内容を増やすものでは決してありません。

　練習のための時間は通常の授業の中で確保されるべきであり、カリキュラムにすでに含まれている内容を抑える際の障害になるものととらえるべきではありません。また、学年の初めに、セルフ・エスティーム、チーム学習、振り返りなどを身につける時間を最低限確保したほうがいいでしょう。その際には、生徒たちが熱中できる課題やテーマを設定する中で扱われるべきです。第3章では、これらのことを授業にうまく取り入れる方法について紹介します。

実際に振り返りとメタ認知を導入した授業と学びの具体例

　以下に紹介する事例では、本書で紹介されている幾つかの方法が、ある小学校で教えることと学ぶことの改善にどのように使われたかをまとめています。教師のジャーナル（日誌）に添付した図は、振り返りのサイクル（**図1 - 2**を参照）のどの

....

★7★「学びの原則」は、近年、急速に解明されている脳の機能に基づいています。原則には以下のようなものが含まれ、それらを踏まえた形で教えるのと、無視した形で教えるのとでは学びの質も量も大きく違ったものになります。
　①誰も学んでいる。学び方やスピードが違う（動機も違う）→多様な教え方が求められる。
　②不安のないこと（人は頭だけでなく、心や身体を使って学ぶ）さらにいえば、楽しくないとよく学べない→環境／雰囲気づくりの大切さ。
　③積極的に参加できること→聞かせるだけでなく、生徒たちにこそ主体的に動いたり、考えてもらうことが大切（知識は伝えるものではなく、生徒たち自らがつくりだすもの。技能・態度も同じ）。
　④意味のある内容／中身を扱うこと（身近に感じられること）→人は白紙の状態から学ぶのではなく、それまでの体験や知識を踏まえて学ぶ。
　⑤選択のあること→与えられたものをこなすよりも、自分が選んだものの方がよく学べる。
　⑥十分な時間があること→たくさんを短時間でカバーしてはよく学べない。身につくまで練習できることが大切。
　⑦協力し合えること→競争させたりバラバラで学ばせるより、相互にやり取りした方がよく学べる（今日、何人かでできたことは、明日、一人でできる）。
　⑧振り返りとフィードバックがあること→自分自身で頻繁に振り返ることと教師や他の生徒からのフィードバックがあるとよく学べる。
　⑨祝うこと、そして、学習者にこそ教えさせること（よく学べたときは、祝う、誉める、他の人に教えるチャンスが与えられると、さらに意欲がわく）。
★8★本書では、ジャーナル（journal）を教師が毎日書く日誌のこと、学習日誌（learning log）をあらかじめ決められた日や時間、あるいは教師が適切と思ったときに書く内容を提示されたり、あるいは自由に生徒たちに書かせるものとしてとらえているようです。両者を同じものととらえても間違いではありません。詳しくは第6章を参照。

段階に相当しているかを表しています。それらを見ると分かりますが、この振り返りながら学ぶプロセスは極めて柔軟で、同時に複数の段階を扱うこともでき、これらの練習を積むことでメタ認知能力を身につけることにつながります。

　以下、普通の字体はジャーナルの解説、太字は教師のジャーナルからの引用、そして、枠内の太字は生徒の声を表しています。

　私はエルサム東小学校で8年間教えていますが、そのうち数年間は6年生の担任をしています。今回、事例として紹介するクラスには、14人の男子生徒と15人の女子生徒がいます。

　私はこのクラスの担任になる前から、今年はチーム学習に力を入れたクラスづくりをすることに決めていました。また、一人ひとりの生徒と近密な関係を築き、各人の長所を知ったうえで、それらを伸ばしたいとも思いました。生徒たちが、振り返りとメタ認知能力や自信と自立的な態度を養うことができれば自分のニーズをはっきりさせることができ、自らの学びに集中できると考えたのです。しかしながら、これを実現するためには以下のことが不可欠なことも分かっていました。

- 時間がかかること
- 特定のスキルや期待する態度をはっきりとモデルで示すこと
- これらの方法を練習する機会も確保すること

　そして、特に生徒たちの成長があまり見られないときは、上記の三つを思い出すように自分に言い聞かせました。

**　来年度は、生徒一人ひとりのセルフ・エスティームと、グループとしての強い意識をもったクラスづくりをしたいと思っている。でも、どうしたらいいのか？　おそらく、チーム学習の基礎から入るのがいいだろう。子どもたちの長所や短所や学び方のスタイルなどを明らかにするために、私が今年試した方法も使えると思う。それは、私が学ぶのを助けるのは何か？　私の学びを妨げるものは何か？　良い生徒とはどんな生徒か？　私が得意なのは何か？　などである。**

　前年の私の関心と読んだ本は、教育の中の男女の問題と機会均等に集中していました。これらの問題を扱うべく、授業計画を考えながら書いた今年最初のジャーナルは以下のようになりました。

　クラスで様々な活動をするときに女子生徒がしばしば抱えるハンディのことについて、たくさんの文献を読んできた。今年は、この問題について何とか扱ってみたいと思う。私は、すべての生徒を平等に扱いたいし、みんなに同じ体験と機会を与えたいと思う。
　男女のバランスを考えながら、能力的に混ざりあったグループをつくることから始めようと思う。でも、情報・テクノロジーのクラスでは男女別のグループ編成がいいだろう。

　私は、より効果的な問いかけの方法（第5章を参照）や、生徒との交渉（第4章を参照）の機会をもつなど、教え方の幅を広げる努力もしてきました。
　新年度が始まって1週間もしないうちに、学校が始まる前に書いたことが現実の問題となってしまったことに私は不満を募らせていました。男子は、私の注意を引くことに熱心で大きな声で叫んだり、グループをつくるときやゲームをするときなどは女子を除いて自分たちだけで決めてしまったり、女子が話しているときは集中して聞こうとしません。
　自分がクラスに期待することと、クラスをうまく管理する方法を見いだすのに多

くの無駄な時間を費やしていました。女子生徒たちは、個別でする課題についてはうまくやるのですが、クラス全体の話し合いのときなどは、全体に向かって発言するというよりは自分たちの中だけで話しがちでした。

　このころの私のジャーナルには、すべての生徒に均等の機会が提供されるべきであるということが繰り返し書かれています。と同時に、観察したクラスの状況についても詳しく書いていました。こうしたクラスの状況は、まさに生徒たちの振り返りやメタ認知能力を養う必要性を指摘していたのです。

　このクラスの子どもたちはとても面白い。女子はほとんど明晰で、自立精神も強く、とても成熟した態度を示している。でも、話し合いのときは、2〜3人を除いて話し合いに参加するということはない。逆に男子は、2〜3人を除いて私の注意を引くことに熱心で、話し合いを独占してしまう。邪魔になる行動などで無駄にしている時間を把握するために、私とクラス全体が作業を中断している時間をその都度書き出して、全部たしてみることにした。今日は、何と20分。20分×5日＝1週間で100分!!　この問題の大きさについてみんなで話し合った。

　こうした私の教室内での観察とジャーナルによる振り返りが、生徒たちに対して問題提起せざるを得ないことをはっきりさせてくれました。私は生徒たちと、私の問題意識や振り返りを共有することにしました。私の投げかけに対して生徒たちは、今の状況の原因と思われることも含めて自分たちの見方を提示してくれただけでなく、状況を改善するための提案までしてくれました。

　しかしながら、それでもまだ話し合い自体は数人の生徒たちによって独占されていたので、直面している問題に焦点を当てるための質問を幾つか投げかけることにしました。

　●グループ活動をしているときはどんな気持ちがするか？

- グループ活動をよくするためにはどんなことが考えられるか？
- グループ活動をしているときに自分のグループへの貢献をさらに良いものにするにはどうしたらいいか？
- クラス全体で話し合っているときはどんな気持ちがしているか？
- クラス全体での話し合いを改善するためにはどんなことが考えられるか？
- クラスでの話し合いに参加するために自分にできることは何か？

　子どもたちには、これらの質問を参考にしながら自分のジャーナルに振り返りを書くように言いました。これらの質問に忠実に答えるのではなく、何でも感じたことや考えたことを書いてもいいようにしました。彼らが書いたものの中には、私が感じていたことと同じものが幾つかありました。

サイコロを使った振り返りのゲーム（101ページ参照）をする生徒たち

> 僕たちのグループは協力して事にあたれたか?
> もちろん! だからこそ、僕たちのグループは成し遂げられたと思う。
> 互いに励ましあえたか?
> それについては、あまりよくできたとは思えない。本当は彼らにもやらせるべきだったのに何人かが後ろに引いてしまったし、何もしないときがあったから。作業を平等に分けなかったことは問題だ。みんな、やりたくないことがあったので、それを僕に押しつけて、自分たちにはできないって言ったんだ。だから、仕方なく僕がやることに。僕はお人よしだ!
> 僕はアイディアを出してその見返りもちゃんともらったから、その意味では100%!?
> 聞くことは?
> ウ〜ン。やったつもり。でも、たくさん話もした。舌がとれなかったのでビックリしたぐらいに! みんなが参加できるように努力はしたつもりだけど、一人だけはダメだった。でも、それはあの子の問題で僕のせいじゃない!!
> 総合点?? 10点満点なら7.5点というところかな。

> 私はグループで活動をするのは好きだけど、ときどき何人かがリーダーになってしまい、全部自分の好きなようにやってしまいます。ウィング・ジャン先生が選んだグループよりも、友達と一緒のグループのほうが私はいいと思います。何人かの男の子と一緒になるのは絶対にイヤです。なぜなら、私に指図をして自分たちは何もしないからです。もし、私がもっと自信がもてて話せたなら、より良いグループのメンバーになれると思います。

私のジャーナルには、計画とそれを実行に移すためにどうしたら良いかも記されました。と同時に、教えることに関しては何事も単純には解決しないこともジャーナルは示してくれています。たとえば、授業に女子生徒をもっと積極的に参加させ、男子生徒にはもっと協力的に振る舞うようにさせることが私にとって差し迫った問題だったときに、私の「大切な友だち[★9]」であると同時にこの本の共著者でもあるジェニは、私が抱えている問題を首尾よく解決させるためには、ほかの問題にも同時並行で対処しなければいけないことを発見していました。

　私の質問は男子生徒に向けられているものが多い、と彼女（ジェニ）は指摘してくれた。すべての子どもを平等に扱おうとしていたにもかかわらず、そんなことをしているとはまったく気づかなかった。床に座らせて次の授業をしたときにそのことだけに焦点を絞って彼女に観察してもらったところ、何と、私の質問は男の子たちへのものが多いことが明らかになった。どうしたらいいの？　女の子たちがより積極的に授業に参加するためには、自分の教え方・問いかけ方を変える必要がある。

　床に座って授業をするときの座り方を変えることにした。男の子たちを前のほうに座らせ、女の子たちは後ろに座らせた。さらに、ベルを用意して一人の生徒に持たせ、女の子たちをより積極的に参加させるために、同性に２回続けて質問をしたときはベルを鳴らすように言った。そうすることによって、注意して質問をするようになっただけでなく、回答者を探す前に「１、２、３」と数えることにした。今は、何とかうまくいっているようだ。何故、このような方法をとらなければならなかったのかをクラスのみんなに説明した。

★9★クリティカル（批判的）に見ながらも、友達のように温かく接する人のこと。指導者的な立場ではなく、同じ目線で見られることが大切。アドバイスをするよりも、実際に見た事実を伝えたり、問いかけてあげられるほうがはるかに価値がある。

　計画が実行される過程で、私は自分の観察の記録をジャーナルに書き込みました。それが自分の行動と経験について振り返る機会を提供してくれ、再び、経験→振り返り→自己評価→目標設定のサイクルを始められるようになりました。

　グループの構成を考え直す必要がある。その理由も伝えながら、次の学期は、男だけのグループ、女だけのグループでやってみようと思う。

　子どもたちは、すでに3週間男女別のグループで活動している。そろそろ、これまでの3週間についてジャーナルを書いてもらおうと思う。これまでとの違いをどんなところに感じているかが気になるところだ。

　自分の教え方を振り返ることと、生徒たちがジャーナルに書いたものを読むことで、貴重な視点やフィードバックを得ることができました。私自身がクラス全体にとって必要だと思っていたことに加えて、この情報は、絶えず振り返りながら行動に向けての計画を立てるときの助けになっています。
　私自身の目標を全部は達成していませんし、生徒たちと私は1歩前進して2歩後退という状態に陥っているのではないかと思うこともしばしばありますが、両者による振り返りが私の教え方を絶えずチェックし、問いかけ、振り返ることを保証してくれていたと思います。このことは、明らかに私の教え方を改善してくれました

し、プロの教師としての私の成長を可能にしてくれました。生徒たちは、グループ活動をする場合に、まだより効果的な作業手順を身につけなければなりません。しかしながら、今、自分たちの行動をモニターすることを学び、メタ認知能力を身につけつつあります。最終的には、これらが彼らを自立的で、責任のある学習者にすることになると私は信じています。

> グループ活動
> 　男女混合のグループのときは、自分の言いたいことを聞いてもらうのが大変でした。みんな、自分のいいところを見せようと思ったり、バカなふりをしたり、「なんで、男女一緒にやらないといけないの！」と言いながら何もしないかのいずれかでしたから。
> 　同性のグループのときもリーダーになってしまう人が何人かいましたが、混合グループのとき以上の作業をこなすことはできました。みんな熱心に取り組んで、一緒にいられてよかったと思いました。混合グループのときは、半分ぐらいの人しか作業をしていませんでした。

> 　あまり緊張する必要もなくハッピーだったので、男子だけのグループのほうが好きです。みんな一生懸命に取り組み、やるべきことを全部してしまいました。

第2章 自立した学習者を育てる

*すでに必要な思考力と知識をもっている子どもでもよく学べないことが
ある。その原因の一つは、メタ認知能力がまだ育っていないからである。*
(Ministry of Education, 1989, p.13)

ポジティブな学習環境をつくり出す

　生徒たちは、個々のもっている個性や経験、そして一番大きな要素と考えられて
いる学習環境に影響されながら、自分が学びたいかどうかということを自分で判断
しています。教師は、すべての教科、すべての学年で、生徒たちの学びと思考をサ
ポートするポジティブ（肯定的）な学習環境をつくり出すことに大きな責任をもっ
ています。それが口頭であろうと文字で書かれたものであろうと、互いに紹介しあ
おうと個人だけでする振り返りであろうと、クラスの中で自分は守られているとい
う安心感が必要です。教師は、生徒たちが学びたくなると同時に、自らの学びをモ
ニターして管理できるように環境やカリキュラムを計画する必要があります。

　コリスとダルトン（Collis, M. & Dalton, J. 1989）は、「未来に向けての準備と、
より良い学習者になるという点において一番いい方法なので」生徒自身に自分の学

第2章　自立した学習者を育てる　33

びと行動の責任を、これまで以上にとらせることの必要性を主張しています。

　責任のとれる学習者を育てるためには、人間関係、感情、知性、教室の中のものの配置などの面で、学習環境を整備できることが教師には求められます。

(1) 人間関係

　生徒たちがお互いの**違い**と自分自身を大切にすることを確認するためには以下のことが必要です。

● 意味のある課題に取り組む中で協力できる能力を練習することによって**チームワーク**を奨励する。

● 教室の中や学校の中で、さらには地域を巻き込んでグループ活動の成果を**共有し**たり、見てもらったりする。

● **対立を解決する**ためのスキルを身につける。

● チーム学習と個別学習で達成したことを定期的に**振り返る**。

> コメント：私たちはとてもよくできたと思います。私たちは最初は九つもっていたと思ったのですが、そのうちの二つは同じものだということを発見しました。私たちは協力して考えました。私たちは順番にやれました。でも、他のグループの声が大きくてやりにくかったです。

● 競争はできるだけ避ける。

● **クラス単位でのミーティングを多くもつ。**

(2) 感情

　各生徒のニーズや関心や多様な学び方[★1]に配慮し、サポートするために必要なことは以下のようなものが含まれます。

....

★1 ★23ページの訳注の「学びの原則」の一番目のことです。たとえば、①見たり、聞いたり、読んだりしてよく学べる人、②じっくり考える人、③動かないと学べない人、④フィーリング先行で学ぶ人などの学び方のタイプ分けができます。あるいは、マルチ能力の理論では、①ことば、②数字、③絵（空間認識）、④からだ、⑤音楽、⑥人と接すること、⑦自分のこと、⑧自然が得意な人がいることが分かっています（『マルチ能力が育む子どもの生きる力』トーマス・アームストリング著、小学館、2002年を参照）。『ようこそ、一人ひとりをいかす教室へ』キャロル・トムリンソン著、北大路書房、2017年もとても参考になります。

34　パート **1**　生徒たちに自分で考えさせる教室と授業をつくり出す

- **はっきりした目標**や**期待**や**予想される結果**を提示する。必ずやってもらわなければいけないこともある（第４章および109〜110ページを参照）。
- 決めたことに関しては**一貫性と公平さ**を重視する。
- **人間関係づくり**と**信頼関係**を築くのに時間をかける。
- **失敗を恐れずに試してみる**ことを奨励する。
- **創造力**と**クリティカルな思考能力**を養う。
- 学びの過程での**間違いの大切さ**を強調する。
- 肯定的で、具体的で、頻繁で、しかも有益な**フィードバック**を提供する（完成品のみでなく、理解したことや努力にも焦点を当てる）。
- 知識や技能や態度を身につけるには**時間**がかかることを認識する。
- グループの中での**各人の役割**の大切さを認識する。
- **各生徒の個性**を大切にし、生徒たちもそうするように教える。
- **セルフ・エスティーム**を高めるために「クラス内の専門家」の表示をつくる。

私たちのクラスでは〜
＊みんな権利と責任をもっている
＊互いの言うことを聞く
＊協力する
＊自分たちの持ち物を大切にする
＊きれいにする
＊静かに作業をする

クラス内の専門家	
名前	専門
アーロン　―	動物
トラック　―	算数
トロイ　―	まんが
ベリンダ　―	書くこと
アリ　―	トカゲ

⑶ **知性**

　すべての教科・領域で、自分たちの学び、行動、評価に**責任をとれる**ように生徒たちを信頼し、サポートするために必要なことです。

- **やさしすぎず、努力すればできる**開放的な質問や活動を選ぶ。（第５章を参照）
- 生徒たちが**自分自身の質問や探究するテーマ**を考え出すように奨励する。

第 2 章　自立した学習者を育てる　　35

　今週のチャレンジ

- カリキュラムを統合することによって教科間の**連動**を図るように工夫する。
- **探究学習**を中心にした学びの体験を提供する
- テーマや発表時の方法など、可能なかぎり生徒たちが**選択**できるようにする。★2
- 一人ひとりの生徒とやるべきことを決める際に**交渉**する。（第4章を参照）
- 生徒たちに身につけてほしい方法を教師自らが**モデル**で示し、かつ**言葉にして説明**（考え聞かせを）する。
- 提案箱などを使って、授業で起こっていることへの**フィードバック**をしてもらう。
- 教師は**リソース・パーソン**になる。★3
- **多様な成果（結果）**を奨励する。★4
- 生徒たちが**考えたり、話せる**時間を確保する。
- **自己評価**を組み込む。（第8章を参照）

....

★2★これは、33ページの訳注と関連することですが、人には多様な得意・不得意があり、得意なものを使って学んだり、発表できるといいのですが、そうでない場合は力の半分も出せないということもあるという前提に立つということです。たとえば、言葉が得意な人にとっては、本を読んだり、口頭でのプレゼンテーションは理にかなった方法なわけですが、絵や身体を動かすのが得意な人にとってはあまり好ましい方法ではありません。その意味で、ある程度の選択を与えることは大切だということです（詳しくは、『マルチ能力が育む子どもの生きる力』の第5章と6章と『ようこそ、一人ひとりをいかす教室へ』を参照）。

★3★リソース・パーソンとは、直訳すると「資源をもっている人」であり、辞書には「機転のきく人」とありますが、どちらもしっくりきません。ここでは、情報を中心に生徒が必要なもの（たとえば、模造紙やマジックなどの筆記用具も含めて）を提供できる人というニュアンスでとらえていただければいいと思います。生徒にとっての力強い味方です。

★4★これも33ページの訳注と関連します。たとえば、私たちがいつも使っているテストや作文は、言語能力を中心にした評価あるいは成果の表し方です。しかしながら、学んだことを絵に描いたり、概念図を描いたり（第7章参照）するのは、空間能力や部分的には論理的能力を使った方法です。また、学んだことを、劇にして演じてもらったときは身体―運動能力を中心に使うといった具合に、多様な表現の仕方を可能にした方が自らの得意な学び方を出せる生徒は増えますし、より公平に評価されるようにもなり得ます。詳しくは、『マルチ能力が育む子どもの生きる力』の第10章と『ようこそ、一人ひとりをいかす教室へ』を参考にしてください。演じることについては、『ドラマ・スキル』（レスリー・クリステン著、新評論、2003年）が参考になります。

36　パート *1*　生徒たちに自分で考えさせる教室と授業をつくり出す

⑷ 教室の中のものの配置

　教室の中のものの配置は刺激があり、クラスみんなのものという意識があり、さらに生徒の責任感を助長するものでなければなりません[5]。

● 以下のような項目について、生徒たちが提案する**クラスのポスター**をつくる。

　　　①みんなの責任、②いいチームワーク、③対立の解決、④思考について考えることは何故いいのか！

自分たちのしていることを改善するにはどうしたらいいか⁇	グループでやれること
● まず考える	● 互いに助けあう
● 下書きを書く	● 親切にしあう
● ほかの人に話してみる	●「〜してください」と言う
● 新しい方法を試してみる	● よく聞く
● 失敗を恐れずにチャレンジしてみる	● 微笑む
● グループでやってみる	● 助けが必要かと尋ねる
● 定規を使う	● 協力する
● イラストを使う	● 順番にする
● 図書館を使う	
● がんばり続ける‼	

● グループ活動がしやすいような**机**の配置にする[6]。

● 必要なものを**入手しやすい**ようにする。

● 座席や**部屋の配置**に関して、生徒たちの提案を生かすようにする。

● クラスにある**道具の維持管理**やクラス運営の責任を生徒たちと共有する。

教室の配置図

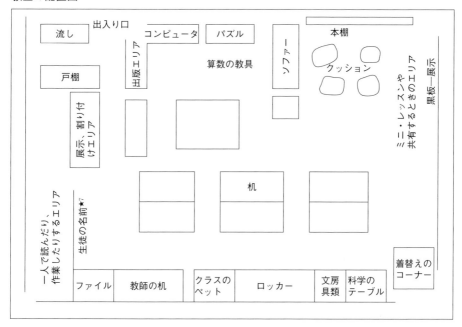

年度の当初にすべきこと

　学びの助けとなり、教師と生徒の間だけでなくクラスの構成員全員が信頼関係を築けるような、みんなが助けあうクラスづくりをするためには、最初の数日が極めて重要です。学びに対するポジティブな姿勢がとても大切なので、みんなにとって大切なクラスの雰囲気や生徒にして欲しい様々な手順などを決めるときには、生徒

....
★5★単に机や椅子や掲示物の配置にかぎらず、教室の中にどんなものがあるか、あるいはないかということは極めて大切なことです。そのことから、生徒たちは何が重要で何が重要でないかということを学び取ってしまいますから、ある意味では年に1回しか扱わない教科の内容よりもインパクトははるかに大きいです。これは、「隠れたカリキュラム」の重要な部分を占めています。
★6★原文では、ここは「机」ではなく「テーブル」になっています。伝統的な一人ひとりの生徒が座る机は、協力することを中心にすえたグループ活動にはそぐわないためです。
★7★「生徒の名前」は、生徒の名前と、その脇に教師の観察やコメント、あるいは生徒と交渉した結果などを書けるようにした大きな紙のことです。89ページの写真を参照。

たちが参加できるように計画することが必要です。

　年度の当初は、自分自身に自信をもてる活動、お互いを知りあう活動、チームづくりの活動などが中心的な部分を占めます。これらの活動は、そのときの各教科・領域で扱う内容とは直接関連がないかもしれませんが、それらのスキルや方法をはっきりと示したり、生徒が身につけられるようにすることはとても重要です。[8]

　クラスを効果的に運営するためには、日常使うルーティン（手順）についても年度の早い時期に定着させる必要があり、それには以下のようなものが含まれます。

- クラスの運営
- 様々な教具などの保管の仕方や取り出し方や使い方
- それぞれの教科を学習する際に頻繁に使う手順
- 特に、学ぶ際に大切にしたいこと（たとえば、思考力、協力、交渉など）

　以下で紹介する活動は、お互いを知りあい、チームづくりに貢献し、各生徒のセルフ・エスティームを高めるのに役立つように考案されたものです。どんな対象年齢にも応用がききます。それらは振り返りを導入したり、練習したり、さらに発展させたりするのに使えるだけでなく、ほかの振り返りの活動の前段としても使えます。

　これらは、メタ認知能力の基礎ともなります。活動は生徒にやってもらう形をとっていますが、ほとんどのものには教師も参加できます。教師も参加することによって、生徒たちに教師の長所や短所や姿勢などを知ってもらうことができます。40～41ページの**表2－1**は、これらの活動を年度の最初の1週間に組み入れたときの案です。

　年間を通じて、これらのスキルや手順は日々のクラス運営や授業の大事な部分を占めるようになります。スキルの中にはさらに発展させたり、より洗練されたものにしたり、定期的に新しいスキルを導入する必要もあります。基本的に、これらのスキルは各教科・領域に統合することが望ましいですが、特定のスキルに焦点を当てて紹介したり、練習をするといった場面も必要でしょう。

お互いを知りあうための活動

お互いを知りあうための活動は、グループのメンバーであるという感覚を育てるのに効果的です。

ねらい
❶生徒たちがお互いを知りあう
❷クラスへの所属意識を高める
❸教師と生徒が知りあう

★8★これらの活動を通じて身につけられる能力や態度は、その後のクラス運営だけでなく、各教科・領域の授業を大きく左右することになるといっても過言ではありません。その意味では、すべての学びの基盤をなすものといえ、年齢に関係なく（大人を対象とした研修会でも）これらの活動をすることは大切なことです。

40　パート **1**　生徒たちに自分で考えさせる教室と授業をつくり出す

表2-1：最初の1週間の時間割（4年生用）

月曜日	●探しています　42ページ、ワークシート2（213ページ） ●はち巻きのイラスト　42ページ―描くだけ		協力してクラスのルールづくり ＊教室の中ですることとその理由　49ページ	
火曜日	●秘密の友達　43ページ	算数 ＊教室をデザインする　50ページ	図工	
水曜日	●はち巻きのイラスト　42ページ―実際にやってみる	算数 ★個性のサイコロ　45ページ	朝の休憩	＊紋章　46ページ―グループ活動としてする	昼食
木曜日	●私は誰でしょう？を実際にやってみる　42ページ	次週から始める統合学習の準備 ●概念図（第7章） ＊どのような活動をするか交渉する（第4章）	図書館	
金曜日	●2列でお見合い　44ページ	算数 ★各自で、自分の背の高さ、体重、気持ち、好きなことや嫌いなことなどを含めたタイムカプセルを用意する。	◆交渉について説明するワークシート3（214ページ）の「私の今年の目標」を記入する	

★セルフエスティームの活動
＊仲間づくりの活動
●お互いを知りあう活動
◆振り返りの活動

★紋章　46ページ―一人でつくる	◆ジャーナルの書き方を説明する　120ページ ★本当の私はどれでしょう？　48ページ		
●私は誰でしょう？　の準備　42ページ	＊権利と義務　49ページ		●秘密の友達　43ページ
体育★9	午後の休憩	終わっていない作業を終わらす ●教師と生徒の個別面談	◆サイコロで振り返り　101ページ
算数 ★タイム・ライン　47ページ	★私が近くにいると便利よ！　44ページ		＊私たちは仲間だ　52ページ
1週間の振り返り ◆第5章で紹介されている質問を参考にする	スポーツ★9		

教師は毎日放課後に振り返り、ジャーナルに書き込む。

....

★9 ★体育が体力の増進とスキルを身につけることを目的に行われるのに対して、スポーツは体育で身につけたスキルを使ってする競技のことを指しています。

42 パート **1** 生徒たちに自分で考えさせる教室と授業をつくり出す

⑴ 私は誰でしょう？

　自分の名前や顔形については一切書かないで、自分のことを書くように生徒たちに言います。生徒たちは、自分の個性や性格、才能、興味・関心、趣味、好きなものや嫌いなもの、癖などについて書きます。一人称で書いて、最後は「私は誰でしょう？」で結びます。各自が書いたものを集めて読み上げ、書いた人が誰かを全員で当てていきます。

⑵ 探しています

　教師によってあらかじめ用意されたワークシートを使って、生徒たちはそれらに該当する人を探します。教室の中を動き回って探します。名前を書けるのは一人につき一回だけです。ワークシートには、クラスでの振り返りで書いたことや言ったこと、あるいは学びの特徴などが使えます。（213ページの**ワークシート2**を参照）

　完成したシートを紹介しあい、学びのスタイルや個性・性格の違いなどについて話し合いましょう。たとえば、「情報がたくさん詰まった本を読むことには誰も関心を示さない」という結果が出たとしたら、教師はこの状況を改善するための方法を紹介する良いチャンスとなるでしょう。

⑶ はち巻きのイラスト

　幅の広いはち巻きになる紙をつくって生徒たちにわたします。生徒たちは、その紙の真ん中あたりに自分の特徴を表す絵（イラスト）を描きます。そして、自分の名前も書いたら箱の中に入れてもらいます。年度の最初のころ、事あるごとにその箱から一つずつはち巻きを取り、生徒の頭につけます（そのとき、その生徒がかぶったはち巻きの名前を見ないように注意してください）。はち巻きをした生徒は、残りの生徒たちに質問をしていく形で、自分が誰のはち巻きをつけているのかを当てます。

⑷ 自己紹介ならぬ「他己紹介」

　生徒たちには2人一組になってもらいます。1人が質問者になって、もう1人は回答者になります。質問者は、質問を準備したうえで実際にインタビューをし、そ

の後、インタビューの内容を使ってクラス全体に回答者のことを紹介しなければなりません。２人のペアはくじで決めても構いません。

　この活動は、実際に使った異なる質問に焦点を当てることができます。質問の中には閉じた（価値ある情報をあまり引き出さない）質問もある一方で、相手のことを深く知れたり、たくさんの情報を提供してくれる（開いた）質問もあります。生徒たちは、これら二つの種類の質問をつくる練習を事前にしていてもいいでしょう。インタビューするときの質問は、各自でつくってもいいし、グループでつくってもいいし、以下のような例を参考にしてもできます（詳しくは第５章を参照）。
- あなたは自分のことをどのように説明しますか？
- あなたが好きなことを教えてください。
- あなたが得意なことは何ですか？
- あなたの学びを助けるもの、あるいは妨げるものは何だと思いますか？　そして、それは何故ですか？
- あなたは、今、学校で行われていることをどのように変えたいと思いますか？

(5) 秘密の友達

　一人ひとりの生徒の名前を、短冊形の小さな紙に書いて小さな箱に入れます。生徒たちは、一日の始めにその箱から１枚ずつ引いて、引いた名前の人に対して一日中仲良くかつ親切にするように努めなければなりません。でも、自分が誰の「秘密の友達」なのかを教えることはできません。一日の終わりには全員が集まって、一人ひとり順番に優しくされたことを紹介します。残りの生徒たちは、誰が「秘密の友達」だったかをその理由とともに当ててもいいでしょう。誰が「秘密の友達」かは明らかにしないで、優しくされたときの気持ちのほうに焦点を当てて話し合うだけでもいいかもしれません。

(6) 賛辞の箱

　誰かが親切にしたのを見たとき、その行為の内容と誰がしたのかを小さな紙に書いて所定の箱の中に入れるように生徒たちに言います。一日の終わりのほうで何枚かの紙を取り出して読み、その内容についてみんなで話し合いましょう。

(7) 2列でお見合い

　生徒たちには2列になって並び、お互いを見あってもらいます。まず、何について話し合うのかを決めなければなりません。与えられたテーマについて、それぞれのペアが順番に自分の意見を述べます。話の相手を変えるには、一つの列の端っこにいる人が反対の端に行って一人ずつずれてもらいます。新しいペアになったら、新しいテーマで順番に意見を言いあいます。これを、時間の許すかぎり（生徒が飽きない程度）続けます。終了する前に全員で輪になって、たとえば「エマはバスケットボールに興味があることを知りました」など、それぞれが発見したことや学んだことを紹介しあうといいでしょう。

　テーマの例としては次のようなものがあります。
- 学校について気になっていること
- 学校について思っていること
- 趣味や関心
- 好きなこと、もしくは嫌いなこと
- 学ぶのが好きなこと

セルフ・エスティームの活動

ねらい
❶自分の存在価値を見いだす。
❷自分自身の能力に自信をもつ。
❸作業をするときに肯定的な姿勢で臨む。
❹生徒たちに、自分の長所や短所、または学びをどのように改善できるかを考えさせる。

---

(1) 私が近くにいると便利よ！

　A4判の大きさの紙に、自分の両手を形どってから10本の指に自分が得意なことを一つずつ書き込んでもらいます。書き終わったら、みんなで紹介しあいます。

みんなが書いたものは、教室の壁に「私が近くにいると便利よ！」というタイトルをつけてしばらく貼っておくとよいでしょう。そして、生徒たちには、授業中に助けが必要なときに、手形に書かれたものを読んで助けてくれる人を見つけるように言います。たとえば、本にイラストを書くのがうまい人、文章を分かりやすく直すのがうまい人、運動が得意な人などです。

(2) 個性のサイコロ

生徒たちには、まずサイコロをつくってもらいます。できたら、それぞれの面に自分を表すものを貼ったり、書いたりしてもらいます。たとえば、写真、好きなもの、指紋、逸話、興味・関心、趣味、容姿の説明、家族のことについて、そして夢などです。また、自分の代わりに、学校や学び（考えること）についてそれぞれの面に書いてもらうのもよいでしょう。たとえば、学びを助けてくれる／妨げるもの、学校でするのが好きなこと／嫌いなことなどです。紹介しあったあとには、完成したサイコロを部屋の一角の天井から吊しておいて、事あるごとにお互いのが見られるようにするとよいでしょう。

上の二つの活動は、年に何回かしてみることによって、自分たちがどれだけ変わったのか、あるいは変わっていないのかを確認することができます。

(3) みんなのストーリーを紹介しあう

生徒たちは、家族のことや自分の小さいときの体験などを、家族の誰かにインタビューする時間が与えられます。教師がテーマを決めてしまってもよいし、生徒たちとの話し合いで決めてもいいでしょう。考えられるテーマとしては、学校について、赤ちゃんのときの出来事、小さかったときの出来事、おじいちゃん・おばあちゃんについてなどがあります。みんなの用意ができたら、お互いのストーリーを紹介してもらいます。

この活動の応用としては、みんなの身体の一部（たとえば、足や手など）についてのストーリーを見つけてもらう方法があります。この方法だと、生徒たちはいいストーリーを見つけだすために家族や友達とより一層話すことが必要となるため、より面白いストーリーが出てくることが期待できます。

(4) みんなVIP[10]

　まず、生徒一人ひとりの写真を撮ります。そのあとに、各自、自分を説明する簡単な文章を書きます。家族についてでもいいし、興味・関心、趣味、夢、ペット、学校の好きなところと嫌いなところなど、何でも構いません。両方を教室の壁に貼って展示してもいいですし、クリアフォルダーに入れてクラスで読みあったり、保護者にも読んでもらう機会をつくってもいいでしょう。

(5) 紋章

　生徒たちには、自分の長所をシンボル化して紋章をデザインするように言います。描き終わったあとでの発表のときには、長所とシンボル化したものの関連を説明しなければならないことをあらかじめ言っておいたほうがいいでしょう。各自でする代わりに、グループないしクラスの紋章をつくることもできます。その場合は、何を含めるかについてのブレーン・ストーミング[11]が事前に必要となります。

クラスの紋章をつくる活動はセルフ・エスティームを育てます。

(6) タイム・ライン

自分のこれまでの人生の中で起こった主だった出来事を直線に書き込む活動です。代わりに、これまでの自分が学んできたことを、これから学ぶであろうと予測できることとあわせて書き込むこともできます。

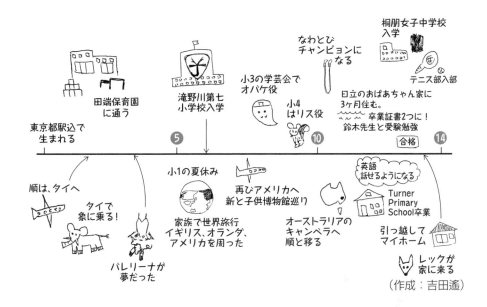

(作成：吉田遙)

(7) 私はユニーク

4人一組のグループになり、お互いの違いについて話し合います。違う点をいろいろ分類させてみましょう。たとえば、容姿、個性や性格、家族、そして学び方についての違いなどです。

★10★VIP は「Very Important Person」の略で、「大もの」、「要人」という意味です。
★11★ブレーン・ストーミングは、短時間でたくさんのアイディアを出すときに使う極めて効果的な手法です。アイディアが出るのを妨げてしまう批判することを、最初から取り除いているのが何よりもいいです。これをするときの「絶対に批判はしない」以外のルールとしては、手短に言う（そうすると記録係も楽）、突飛なアイディアほどいい、質より量、絶対に話し合いはしないなどがあります。

⑻ 私たちは似ている！

前の活動の「違い」を、すべて「同じ」ないし「似ている」に置き換えてやってみます。グループでする代わりに、各人が教室の中を歩き回って自分と同じ「何か」をもっている人を探す方法もあります。これら、「違い」、「同じ」、「似ている」の情報は、概念図（第7章を参照）に記録しておくとよいでしょう。

⑼ 本当の私はどれでしょう？

生徒たちに、そのときに感じていることを書くように言います。それを、何故そう感じるのかと、一緒にクラス全体で紹介しあいます。同じことを別なときにもやってみて、どんな違いがあるかを比較してみます。文字がまだ書けない生徒たちの場合は、いろいろな気持ちを表す顔を使ってすることができます（217ページの**ワークシート6**を参照）。

表2－2　本当の私はどれでしょう？

時　間	私の気持ち
月曜・12時	お腹が空いている、遊びたい
火曜・9時	興奮している、今から遠足に行く
水曜・2時	心配、自分のモデルをどうつくっていいのか分からない
木曜・12時	お腹が空いている、算数の問題が全部できてうれしい
金曜・3時	うれしい、疲れている、週末が楽しみ

第2章　自立した学習者を育てる　49

チームづくりの活動

ねらい

❶協力してグループ活動をするのに必要なスキルを紹介し、練習して身につける。

❷グループでする活動の意義を認識する。

❸グループの中でのそれぞれの役割を理解し、尊重しあう。

❹自分自身とほかのメンバーについて知ることの責任感を養う。

---

(1) 権利と義務──聞く、書く、話し合う

　生徒たちは3人一組で活動します。2人は生徒が持っている権利と義務について話し合い、残りの1人はそれを聞いて全体に報告します。順番に、全員が聞き役を体験できるまでします。報告された結果は、権利と義務のそれぞれの概念図（第7章を参照）にするとよいでしょう。

(2) 教室の中ですることとその理由──考える、人ではなく考えを批評する、正当な理由を述べる、聞く

　教室の中でしなければならないこととその理由を、たとえば三つ、各人で書くように言います。「私たちは静かに勉強する必要があります。何故なら、誰も邪魔をされずに勉強する権利をもっているからです」という具合です。書き終わったら3人一組のグループをつくり、お互いが書いたものを紹介しあって文章の大切さを主張しあいます。

　次に、3人でグループを代表する三つの文章を選びます。さらに、二つのグループが一緒になって6人一組のグループをつくり、特定の数（たとえば三つ）の文章を選ぶか、修正して新しい文章をつくります。この時点で、各グループが三つずつの文章に絞り込んだわけですが、それをクラス全体で紹介しあうとよいでしょう。

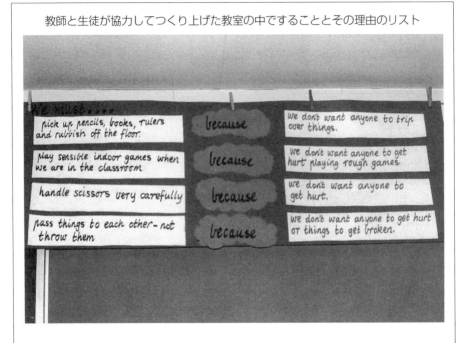

(3) **教室をデザインする**――共有する、交渉する、報告する

各グループ(これを「ホーム・グループ」と言います)に、教室の中の配置を考えるように言います。それぞれのメンバーは、特定のテーマ(教師のニーズ、安全性、現在ある道具の配置、部屋の大きさなど)の専門家になることを選択し、専門家グループで集まって情報収集や情報交換をします。それが終わったらホーム・グ

ループに戻り、互いの専門領域の情報を交換しあって課題を終わらせます。この活動をするには１時間以上を必要とします。[12]

６人で構成される五つのホーム・グループ

５人で構成される六つの専門家グループ

再びホーム・グループに戻って情報を交換し、課題を終わらせる

(4) あなたの貢献を当てにしてます──順番を守る、貢献する自信をもつ、共有する、聞く、アサーティブな話し方をする[13]

　生徒たちは８人一組になり、丸い輪になって座ります。カードを輪の中央に置きます。最初は、話をする人がそのカードを取る理由については説明しません。

　あるテーマを設定して話し合いを始めます。発言した人はカードを取り、次に発言した人もカードを取っていきます。並んでいる順番に発言する必要はないことを伝えておいたほうがよいかもしれません。

　一定の時間がすぎたら話し合いをストップして、各自が何枚のカードを持っているか振り返ります。この情報を使って、グループの中での話し合いの特徴について考えてみましょう。

★12★この手法は「ジグソー」という方法です。
★13★「アサーティブ」とは、相手の価値観や人格を犯さない表現の仕方のことです。これは、「受け身的」でも「攻撃的」でもない第三の表現方法です。

例:

● カードの配分を見てください。それが何を物語っているでしょうか?

● グループでの話し合いの方法を改善するために何ができると思いますか?

● ○○さんは何故カードを1枚も持っていないと思いますか?

● 何故、そんなことが起こってしまったのでしょう?

　これらの質問に答える際には、みんなに役割があることと、全員に平等な機会が与えられていることを強調してください。

　カードを使う代わりに、ひもか毛糸のボールを使ってすることもできます。最初に話した人は、自分の手首にひもを1回まわします。そして、次に発言する人に投げてわたし、それを話し合いが終わるまで順番に繰り返していくのです。

(5) *私たちは仲間だ*──仲間意識を深める、違いを受け入れる、考えや相手を認める

　これは、短い時間でできる活動で、授業の導入時などにも使えます。教師は、テーマに応じてグループをつくるように伝えます。たとえば、以下のようなテーマが考えられます。

● 好きな教科、好きな花

● 行ってみたい国

● なりたい動物

● 家族の人数

● 家族の中での自分のポジション

　グループができたら、クラスの中にも共通点や相違点があることや、一つのグループは幾つかのより小さなグループで構成されていることを教師は伝えてもよいでしょう。

　生徒たちは、自分たちがさらに小さなグループに分かれるにはどのような方法があるのかを考えてみたり、今のまま一緒のグループで居続けたほうが良い理由を挙げられるだけ挙げてみることもできます。

第2章　自立した学習者を育てる　53

(6) クラスについて調べる──考えを共有する、作業を分担する、ブレーン・ストーミングをする、計画する、交渉する

クラスについて調べてみたら面白いことをブレーン・ストーミングします。一例を挙げると以下のようなことです。

● みんなの体重を足すといくらか？
● みんなの家族の人数を足すと全部で何人になるか？
● 親たちはどんな職業に就いているか？
● ある一人の頭が次の人の足にくっつくように寝たら、みんなでどれくらいの長さになるか？

小さなグループになり、各グループで自分たちのテーマを選び、どのようにしたら情報を集められるかを話し合って、役割を分担して作業にとりかかります。それぞれのグループは、自分たちで計画し、調べ、そして結果をクラス全体に報告します。ほかのグループが発表するときは、特に結果を出すための過程に焦点を当てながら、できるだけたくさんの質問をするように言います。（Adapted from Baker et al. 1990）

振り返り

　たくさんのことを書いたことでお互いのことをよりよく知れるようになり、またクラスでの手順にもなれることができたと思います。私は、色の違う帽子をかぶるゲームが好きでした。今度するときは、黒じゃなくて、ほかの色をかぶりたいです。たくさんの知識や創造的なことを話したいので、白か緑がいいです。[★14]

★14★ 「色の違う帽子をかぶるゲーム」は、101〜102ページで紹介されています。

訳者がすすめる参考文献

　本章で紹介した以外に、お互いを知りあう活動、チームづくりの活動、セルフ・エスティームを高めるための活動に関心のある方は、以下の図書を参考にしてください。

・『いっしょに学ぼう』(1994年)、『いっしょにできるよ』(1994年)、『わたし、あなた、そしてみんな』(1994年)、『未来を学ぼう』(1998年、以上すべて ERIC＝国際理解教育センター、eric-net.org/)
・『人間関係を豊かにする授業実践プラン50』(小学館・教育技術 MOOK、1997年)
・『効果10倍の教える技術』(PHP 新書、2006年)

第**3**章 単元を計画する

教科を統合して教えるアプローチは、伝統的な教科の壁の制約なしに、
学習者が調べたいと思うテーマについて情報を集めたり、加工したり、
洗練したり、発表する機会を提供する。

(Pigdon & Woolley, 1992, p.6)

教科を統合した単元をつくる

　振り返りとメタ認知能力を養うことを踏まえた教科を統合した単元は、学習者を元気づけます。当然のことながら、カリキュラムにそった内容を基本に据えるべきですが、創造力やクリティカルな思考力なども養い、生徒たちの関心にもあわせられるだけの柔軟性ももちあわせなければなりません。教科を統合した単元では、生徒たちは学ぶ意味をより容易に感じることができるのですが、教師は振り返りとメタ認知能力をモデルで示して身につけられるように計画を立てる必要があります。

　どのようにしたらこれらのことができるのかを、6年生のクラスの実践を例に挙げながら本章で紹介していきます。

(1) 単元計画のときに考えるべきこと

　教科を統合した単元を計画するときは、以下のようなことを考える必要があります。

- ●多様な開かれた活動[1]
- ●調査研究能力
- ●問題発掘および問題解決の活動
- ●グループ活動
- ●個人レベルでの追求の可能性
- ●話し合いとディベート
- ●人材（特に外部の専門家）の活用
- ●テクノロジー（インターネットなど）の活用
- ●直接的な体験
- ●振り返りの時間
- ●実際に試してみる時間
- ●交渉する機会
- ●高いレベルの思考力[2]

　以下で紹介する「仕事の世界」と名づけられた教科を統合した単元計画の概略は、上でリストアップした諸活動を授業の中にどう組み入れるかを例証しています。この単元計画は、本書で紹介しているスキルや方法がどのようにして身につけられるかを示しています。また、この単元計画では、振り返りとメタ認知能力および交渉能力を特に重視しています。ここでは、広範にわたる各教科・領域の知識や技能のレベルを上げることはしていませんが、バランスのとれた時間割を計画する際には、もちろんそれらのことを踏まえて単元計画をつくることが大切であることは言うまでもありません。

第3章　単元を計画する　57

計画の概略

⑴ テーマ：仕事の世界（6年生）

獲得すべき理解事項

- 私たちの地域は、いろいろな職業の相互依存関係を基盤にしている。
- 個人や地域のニーズを満たすために、モノやサービスの生産は相互依存の関係において行われている。
- 異なる職業には、異なる価値、期待、責任、そして地位などがある。
- <u>職業の選択は変化しており、また選択に影響を及ぼす要因もたくさんあるので、どのようなキャリアを歩むかは極めて多岐にわたる。</u>

　実際、この単元は広い領域を扱っていましたが、ここでは下線の部分の理解に限定して紹介します。（下記の「養いたい鍵となる概念」の下線も同じ意味です。）

鍵となる質問

- 職業はどのように区分できるか？　それは何故か？
- これまでに、何故、そしてどのように職業は変化してきたか？
- 今後は、何故、そしてどのように職業は変化すると思うか？
- 職業は、どのように私たちの生活スタイルに影響を及ぼすと思うか？
- 何故、そして幾つかの職業はどのように相互に強い関連性をもっているのか？

養いたい鍵となる概念

- 相互依存関係
- <u>平等</u>

....

★1★ここで言う「開かれた活動」は、正解があることが最初からうかがい知れるような活動ではなく、調べれば調べるほど面白く、かつ深く掘り下げることのできる課題や活動を指しています。

★2★一言で「思考力」といってもいろいろあります。一般的には、知識を覚えたり理解することは「低いレベルの思考力」、応用したり、分析したり、まとめたり、評価したりすることは「高いレベルの思考力」と言われています。より詳しくは94〜95ページを参照してください。

- 伝統的な職業
- ステレオタイプ（固定的なものの見方）

表3－1　生徒の目標

交渉の余地のないもの	交渉の余地のあるもの
● 職業調べ ● 伝統をくつがえす形で働いている人たちへのインタビューの準備と実施	● 調べる職業の選択 ● 発表時のプレゼンテーションの方法（口頭、筆記、あるいは芸術的なもの）

身につけたい主な技能

①理解する　　　②仮説を立てる　　　③振り返る　　　④まとめる
⑤自己評価する　⑥評価する　　　　　⑦分析する　　　⑧応用する

(2) 活動の順序

1　導入──ここでの活動のねらいは以下の通りです。

- テーマについて、生徒たちがすでに知っていることを把握する。
- テーマについて、生徒たちが知りたい、もしくは知らなければいけないと思っていることを把握する。
- すでにもっている知識に積み上げる。
- 計画の妥当性を確かめる。
- 中心的な活動に向けて生徒たちを準備する。

活　　動	使う思考力	解釈する	仮説を立てる	分析する
●驚くべき数字のゲームをする。 洗濯バサミで、質問を生徒の背中に留める。それぞれ、ほかの3人の生徒にそれを読んでもらい、答えだけを言ってもらう。各自は、答えてくれた3人の平均を計算してから（まだ、この時点では質問も正しい答えも知らない）、全員背中の質問をとって集まる（オーストラリアの場合は、床に固まって座らせている）。順番に、質問と3人の平均値を紹介しあう。教師は、正しい数字を紹介する。続いて、結果について話し合う。 【質問の例】 ①平均的なオーストラリア人は毎週何時間働いているか？ ②国会議員の何％が女性か？		○	○	○

驚くべき数字のゲームをしている。

活動 ＼ 使う思考力	理解する	分析する	仮説を立てる	まとめる	要約する	解釈する

（概念図「仕事」）

財産 — たくさんたまれば — 支払われる — 銀行口座
給料 — すれば購入できるかもしれない — 貯金する — 増える
たくさんすれば上がる — シフト
シフト — いろいろなのがある／いろいろある
従業員 — 長い時間働く — 時間
雇われる — あなたがいつ働くか決める／そのためにも必要
雇い主 — あなたをインタビューしてくれる
時間 — 1日8時間／1週間は40時間
仕事 — すればもらえる
仕事 — 働き過ぎると — 病気（休まないといけない）
仕事 — 私がすること
仕事 — 年を取りすぎたらする
悪影響を及ぼすかもしれない — 銀行口座
仕事が欲しければ行く／5日働く
週 — 5日間 — 学校
年令で職種を決める
学校 — 卒業したらもうなるかもしれない／学校に行かなくていい
失業 — 意味は違うが両方とも職のない状態
退職
インタビュー — その時最初のを思い出すかもしれない
年齢 — 若くて職が欲しければ行く／年をとると — 退職

活動	理解する	分析する	仮説を立てる	まとめる	要約する	解釈する
●生徒たちは各自、「仕事」をテーマにした概念図を書く（詳しくは第7章を参照）。	○	○				
●生徒たちは、クラスの両親たちの代表的な職業を予想する。リストアップして、それらに優先順位をつける。そして、何故そのような順番をつけたか話し合う。	○	○	○			
●両親たちの職業の選択に影響を与えた要因について考える。そのあとで、実際に両親たちにインタビューするための質問やチェックリストを考える。		○	○	○		
●両親の職業について実際に調査を行う。集まった情報は、「母親」と「父親」の項目の下に記録していく。情報は、職業、選択した理由、そのときのほかの選択肢など。		○	○		○	○

予想を立てることは調査活動の中で大切な段階である。

情報を表の形で書き出すのは、生徒たちの思考を系統立てる助けとなる。

私たちの両親たちの代表的な職業

予想

教育	**実際**
事務	事務
家事	家事
失業中	管理職
地域ワーカー	教育
管理職	セールス
セールス	警官・消防士など
自営	自営
	建築

他の学年でも同じか？

現在の職業

姓別	職　　業	選 択 の理　　由	家からの距　　離	依存している他 の 職 業

活　　　動 \ 使う思考力	理解する	分析する	仮説を立てる	まとめる	振り返る	解釈する	理由づけをする	一般化する
●話し合って、今はもう時代遅れで存在しない職業をリストアップする。	○							
●今、選択できる職業をリストアップして話し合う。	○			○				
●グループに分かれて、記録された情報を見ながら変化の原因について話し合う。その結果を模造紙に書く。			○			○		○
●将来あったらいいと思う仕事を考えてリストアップする。その理由も出し合う。		○	○	○	○			
●生徒たちは、それらの職業を伝統的な見方を使って分類する。生徒たちと教師は、それらを男女別に分けたうえで分類ごとに数える。		○				○	○	
●自分たちが選んだ職業と実際に両親たちが就いている職業を比較して、類似点と相違点を説明してもらう。	○					○		
●自分の一生（タイム・ライン）の活動をする（47ページを参照）。生徒たちは、これまでを記録し、これから起こるであろう（起こってほしい）未来の出来事について書き込み、その原因や影響についても考える。		○	○		○			○

将来なれたらいい仕事をリストアップする。

私たちがなりたい職業

男	女
弁護士　2	弁護士　2
警察官　3	獣医　7
プロのバスケットボール選手　1	女優　1
俳優　1	スチュワーデス　1
レストランのオウナー　1	検死官　1
料理長　1	TV ジャーナリスト　3
会計士　1	作家　1
プロのラグビー選手　1	
教師　1	
パイロット　1	

2 中心的な体験——この活動のねらいは次の通りです。

● これまでに生徒たちが出した質問の幾つかに答えを提供する。

● さらに深く調べるための質問をつくり出す。

● テーマに対する関心を高める、もしくは維持する。

● 教師と生徒たちが自分たちのもっている知識を確認したり、修正したり、発展させたりできる共通の体験を提供する。

活　　　動 ＼ 使う思考力	予想する	振り返る	理解する	まとめる	要約する	分析する	解釈する	一般化する
● 女性の機械工、女性のバス運転手、男性看護師、ハウス・ハズバンドなど、伝統をくつがえす形で仕事をしている人たちを訪ねる計画を立てる。								
● 生徒たちは、その人たちへの質問項目を考える。	○	○	○	○				
● 実際にインタビューをしたあとに、集めた情報を模造紙に書き出す。					○	○	○	○

	女性の機械工	男性の看護師
職業を選んだ理由	自動車に関することが好きだったから	面白い職業だと思ったから
職場での反応	男性たちは女性と一緒に働くのを嫌った	多くの患者、特に女性の患者は彼に見られるのを嫌がった
他の人たちの反応	彼女の両親は自分の娘が汚い職業に就くのを嫌がった	息子が看護師になり、娘が警察官になったことを驚いた
どのように職を得たか	彼女は十分な技術を修得していたので採用された	彼は何度も手紙を書いて、その職にぜひとも就きたいことを訴えた結果ようやく受け入れてもらえた
どんな教育を得たか	技術専門学校に行き、アルバイトもしていた	大学で看護の勉強をした

活　　　　動 / 使う思考力	理解する	分析する	振り返る	まとめる	判断する	理由づけをする
●模造紙を使って、複数の職業を比較、検討する。	○	○				
●集めた情報を基にして、これらのうちのどの職業に就きたいかを自分のジャーナルに書く。全員の結果を模造紙に書き出す。			○	○	○	○

3　情報を系統立てて表現する——ここでの活動のねらいは以下の通りです。

●生徒たちが集めた情報を分析し、解釈するのを助ける。

●多様な方法と形式で集めた情報を系統立て表現する。

活　　　　動 / 使う思考力	振り返る	解釈する	まとめる	評価する	理解する	解釈する
●紙と鉛筆、製図の道具、絵の具などを使って、集めた情報（これまでに学んだこと）を視覚的に表現する。	○	○	○	○		
●デボーノの「6色の帽子」（101ページ参照）を使ったロール・プレイをする。			○		○	○

4　発展的な活動や体験——ここでの活動のねらいは次の通りです。

●単元を発展させるためのチャンスを提供する。

●追加の情報を集められるようにする。

●さらに調査を深めたいことについて、生徒たちが交渉できるようにする。

第３章　単元を計画する　65

口頭での発表は、情報を共有しあうチャンスを提供する。

活　　動 ＼ 使う思考力	合意を形成する	判断する	計画する	調査する	まとめる	一般化する	振り返る	評価する
● まずは１人で、次は３人で、さらには６人で六つの最も重要な職業を選び、その理由も述べあう（方法については76ページを参照）。	○	○						
● 生徒たちは、自分が選んだ一つの職業について調べる			○	○				
● 調べた結果を口頭で発表するための準備をし、実際に発表する。発表を聞く人たちは、事前に合意してつくったチェックリストを使って、発表者の振り返りを促すためのフィードバックをする。					○	○	○	○

66　パート**1**　生徒たちに自分で考えさせる教室と授業をつくり出す

表3-2　単元の1週間分のみのスケジュールを示した時間割

		9 -10.30am		11-1 pm		
月曜日	全校集会	*書き スペリング いろいろな職業を視覚的なパターンで分類していく★³ 毎日の作文 文の始まりをモデルで示す	午前の休憩	読書の時間	*「読み」のワークショップ「仕事とは何か?」について読んでから、みんなで話し合う	算数 ★自分が選んだテーマについて調べ始めるプロジェクトの開始
火曜日	◆各自が選択した活動	*書き 校正の仕方をモデルで示す 生徒たちは、書き続ける。シャーンとエマが自分の書いたのを紹介する	午前の休憩	図工		算数 ★算数のプロジェクト
水曜日	◆各自が選択した活動	*書き スペリング 例えば、科学で科学者、植物学で植物学者のように、教科で職業をつくる 生徒たちは、書き続ける	午前の休憩	読書の時間	*「読み」のワークショップ	算数 ★チームで問題解決をする
木曜日	◆各自が選択した活動	*書き レポートを書くときに、情報をうまく表にまとめる方法をモデルで示す 生徒たちは書き続ける	午前の休憩	図書室		算数 ★数字の桁を理解するための活動をする
金曜日	◆各自で選択した活動	*書き レポートを書き続ける	午前の休憩	読書の時間	*「読み」のワークショップ テーマに関連した対話の多い文章を、役割を決めて読みあう	算数 ★5つのグループに分かれて、以下の活動を順番にする 1.計算機、2.大きさ、3.時間、4.長さ、5.容積

＊言葉（国語）のワークショップ
★算数の調べ学習
●振り返りの時間
◆各自で選択した活動

	2 -3. 30pm		
昼食	教科を統合した授業 性差に関して伝統的でない職業に就いている人たちへのインタビューを準備する		振り返りの時間 ● 今週の期待と目標
昼食	教科を統合した授業 実際に、性差に関して伝統的でない職業に就いている人たちをインタビューし、記録をつける		● サイコロで振り返り（101ページを参照）
昼食	体　育 ／ 音　楽	教科を統合した授業 グループで、表を使いながらインタビューした職業を比較・対照する	● 生徒たちが就きたいと思う職業を振り返る
昼食	教科を統合した授業 これまで集めた情報を視覚で表現する準備をする		● クラス集会
昼食	教科を統合した授業 口頭と視覚で表現した発表をする	スポーツ	

....

★ 3 ★いろいろな職業が、以下のような形で分類できます。

builder	surveyor	nurse	scientist	technician	dietitian	engineer	student	accountant
carpenter teacher	Doctor Actor		chemist biologist	Musician Magician				assistant
trainer			pharmacist					
minister			novelist					

使う思考力 / 活動	解釈する	仮説を立てる	分析する	まとめる	理解する	振り返る	理由づけする	明らかにする
● 生徒たちは、1930年代の子どもたちが働く姿を描いている『新聞少年（*The Paper Boy*, Australian Children's Television Foundation）』というビオを観て、当時と今の似ている点と異なる点を挙げる。	○	○	○	○	○			
● たとえば、「職業の選択は、自分のライフスタイルに大きく影響する」など、この単元のテーマに関する文章への生徒たちの意見を「直線の上に並んでみよう」（162ページを参照）を使って表す。			○	○		○	○	○

5　振り返りと行動——単元の期間を通して行われるべきで、ねらいは以下の通りです。

● 獲得した知識、技能、態度や価値観を実用的に応用する。

● 振り返り、そしてもし可能であれば実際に行動してみる。

● 発展的に体験できることを計画する。

● 振り返りとメタ認知が、どれだけ行われているかをモニターする。

　生徒への質問には次のようなモノが挙げられます。

● テーマについて理解したことと自分が学んだことを、仲間たちと共有するにはどうしたらいいか？

● 自分が学んだことは何か？

● まだ調べなければならないことは何か？

● 自分の学び方について学んだことは何か？

自己評価と振り返りの機会を提供しなければならない。

70　パート **1**　生徒たちに自分で考えさせる教室と授業をつくり出す

活　　動 ＼ 使う思考力	振り返る	理解する	まとめる	評価する	分析する	一般化する	仮説を立てる
●生徒たちは自分たちが学んだことを振り返り、いろいろな方法で発表する。 ①ジャーナルに書くことによる振り返り ②自己評価（220ページの**ワークシート 9** を参照） ③口頭での発表 ④視覚を使った発表	○	○	○	○			
●生徒たちは、自分たちで以前につくった概念図を取り出し、情報を加えたり、消したりする（詳しくは第7章を参照）。	○	○	○	○	○	○	
●以下のような文章で始まる振り返りをジャーナルに書く。 ①私がまだもっている質問は、 ②私が変わったことは、 ③次回、異なる方法でやろうと思うことは、 　（詳しくは第6章を参照）	○			○	○		
●生徒たちは自分がまだもっている質問を、（一つの質問を一つの）小さなカードに書き、箱に中に入れる。そこからくじを引くような要領で順番にカードを取って読み上げ、生徒たちに答えさせる。	○				○		○
●以下の二つのいずれかをする。★4 ①自分たちがしたこと、発見したこと、行動や改善へ向けての提案などをまとめて、学校新聞や地域の新聞用の記事を書く。 ②職業の様々な可能性や選択に影響を及ぼす要因に関する理解を促進するためのポスターを描いて、キャンペーンを展開する。			○	○			○

表3－3　異なる思考を身につけるために使える質問の例
（ブルームの思考の6段階を参考に作成）

思考の種類	活　動	質　問
覚える	テーマについてすでにもっている知識を書き出す。 調べたい質問を書き出す。 伝統をくつがえす仕事に就いている人にインタビューする。	仕事と職業の選択についてすでに知っていることは何か？ 何を調べたいのか？ 何を発見したか？
理解する	職業についての発表を準備する。	自分の言葉で、職業の役割を説明しなさい。
応用する	それぞれ異なる領域から三つの職業を選びなさい。それぞれの特徴を書き出す。	それぞれの職業の特徴の背景にあるものは何か？
分析する	『新聞少年』のビデオを観る。	これまでの職業の選択の変化について考えなさい。何故、このような変化は起こったのか？
まとめる	これからの職業の選択について考える。	適切な職業の選択と職場での行動について、どのようなアドバイスをするか？
評価する	職業の選択についてのレポートを書く。職業の選択にまつわる肯定的な面と否定的な面を明確にする。	職場の条件と職業の選択を改善するために、私たちはどのような選択肢をもっているか？　その中でどれが効果的だと思うか？　それは何故か？

6　教師による評価と今後の計画──単元を通じて継続的に行われるべきで、ねらいは次の通りです。

● 教えた（生徒たちの学びの）体験を振り返る。

● 今後の体験を計画する。

● 生徒たちの振り返りとメタ認知能力がどのくらい使われたかをモニターする。

──

★4★これらは、81ページの訳注で説明している「本当の学習活動」や「本当の評価」のよい例です。

教師への質問は次の通りです。

● 方法は、理解を明確にしたり促進したりするのに役立っていたか？

● 今、生徒たちの長所や短所を明らかにすることはできるか？

● どのようにして、生徒たちが互いに支えあう学習環境を提供したか？

● どのようにして、生徒たちに参加と交渉の機会を提供したか？

● どんな方法をモデルで示し、また身につけるために時間を確保したか？

● 生徒たちの評価を、今後の計画を立てるのに役立てることができたか？

● 生徒たちが自分の学びを改善するために、振り返りと計画する時間を設けたか？

活　　　　動 / 使う思考力	自己評価する	評価する	一般化する	仮説を立てる
● 教師は単元の進捗状況を振り返り、ジャーナルに記録したり、同僚ないし「大切な友だち」と話し合う。そのときの質問は、 　①子どもたちについてどんなことを学んだか？ 　②次回するときはどのように改めるか？	◯	◯	◯	◯

パート

2

振り返りとメタ認知能力を
磨くための方法

パート **2** 振り返りとメタ認知能力を磨くための方法

　パート2では、振り返りとメタ認知能力を磨くために使える以下のような鍵となる方法を詳しく紹介します。

- ジャーナル
- 概念図
- 質問
- 自問
- 交渉
- 自己評価

(1) 年令や教科を問わず多様に使える鍵となる方法

　上に挙げたような方法は、学年を問わずほとんどの教科・領域でそのまま、あるいは応用して使えます。

　教師は、以下のような多様な用途にこれらの鍵となる方法が使えます。

生徒の学びと授業・単元計画の助けとするために

- 生徒の期待を図るために
- 生徒のニーズ、理解、目標を明らかにするために
- 適切な体験を計画するために
- 授業を評価するために（教える視点と学ぶ視点の両方から）
- 話し合いを活発にするために
- 新しいテーマを導入するときに
- 新しい内容を紹介するときに
- 生徒たちにねらいを説明するときに
- 振り返りとメタ認知能力を教えるときに

教師自身と生徒たちの知識や技能や自信を養うために

- コミュニケーションと問いかけを助けるために
- 振り返りとメタ認知能力を練習するために
- 教師と生徒の主体的な学びを刺激するために
- 自己評価するために
- 考えや理解を明確にし、発展させるために

- 理解不足を明らかにするために
- 優先順位を決めるために

生徒たちも、以下のような多様な用途にこれらの鍵となる方法が使えます。
- 新しいアイディアをつくり出すときに
- 問題を解決するときに
- 優先順位を決めるときに
- 振り返りとメタ認知能力を練習して磨くときに
- 考えや姿勢や気持ちを吟味したり、はっきりさせたり、評価したりするときに
- 自信をつけるときに
- ほかの考えを導入したり、創造力を働かせるときに
- 視覚的に学ぶときに
- 理解不足を明らかにするときに
- 自分自身のニーズを振り返るときに
- 目標を設定して計画を立てるときに
- 系統立てて学んだり、学習スキルを身につけるときに

(2) 振り返りの多様な仕方

　以下で紹介する方法は、パート2で紹介している様々な振り返りの鍵となる方法と組み合わせて使えるものです。

　振り返りを行うからといって、常に書く必要はありません。このことは、書くことに苦労する低学年の子どもたちの場合に特に当てはまります。高学年の生徒たちも、振り返りをバラエティーのある方法でしたほうがいいですから、教師は多様な方法を知っておいたほうがよいでしょう。ここで簡単に紹介する手法は、第4章以降において詳しく紹介している方法を補強する形で使えるものばかりです。

❶口頭での振り返りは、学んだことについて考えるために頻繁に使えます。一番の特徴は、短い時間ですむということです。振り返りは、教師から提示される質問

に答える形か、自由に生徒にやらせてもいいです（第8章を参照）。その際には、以下のような形態を参考にしてください。

- ペア（2人一組）での振り返り
- ペアが2組集まって、4人での振り返り
- クラス全体
- 小グループ（3〜6人）
- トリオ（3人一組）
- 1−3−6人[1]

❷**ドラマ／音楽**——マイムやロールプレイや即興（インプロ）などのドラマの方法を使って学びを振り返るのも効果的です。振り返りをドラマで表現する際に、楽器を使うとさらに効果が期待できることもあります（しかし、そのためには準備の時間が必要になります）。音楽を使った振り返りは簡単にできます。たとえば、学びの体験について感じたことを音楽で表現してもらうといった具合です。

　ドラマおよび音楽を使った振り返りは、口頭や筆記による振り返りとの関連でとらえることもできますし、それら独自でしてももちろん構いません。

❸**視覚的な表現**——いろいろな材料、道具、機器を使って振り返りを視覚的に訴える方法です。可能なものには、以下のようなものがあります。

- 鉛筆、クレヨン、水性マジック、炭
- 雑誌の写真、新聞、切り抜き
- 計算に使う様々な小物（算数セット）
- 葉っぱ、木の実など
- 工作や大工道具など

　情報を視覚的に表現する方法については第7章を、これらの方法を成功させるヒントについては第9章を参照してください。

自分の振り返りを視覚的に表現している生徒たち。

★1★これは、最初は1人で振り返り、次はトリオで振り返り、最後はトリオが2組集まって、6人一組でする振り返りの方法です。上記の、ペア、およびペアが2組集まる方法の前に1人で振り返る1-2-4人の方法もあり、甲乙つけがたいところです。

第4章 交渉

カリキュラムは、もはや誰かによって組み立てられた内容をこなすものではない。それは、進むに従って成長し、変化する作品を（教師と生徒が）一緒になって演じるものである。新しいカリキュラムの定義が求められている。そして、それを評価する新しい方法も見いだされなければならない。

(Boomer, 1982, p.150)

　生徒と教師の**交渉**は、自分たちの学びについての決定に生徒自身がかかわることを意味します。それは、生徒たちが自分の学ぶことと、より良い学習者になるために必要な条件について気づくことです。教師の指導のもと、生徒自身が何を、いつ、どのように学ぶのか、そしてその学びは何故重要かという決定を下すのです。

　交渉は、以下のような関係で行われます。

- 教師とクラスの生徒全員——年度の始めに、教師と生徒たちが教室での決まった手順や、「やっていいこと」や「いけないこと」などについて話し合います。
- 個々の生徒と教師——教師と生徒が個別に行う課題の提出物などについて話し合います。
- 小グループのメンバー同士——各グループは、達成しなければならないねらいや、

第4章　交渉　79

そのためにやらなければならない各メンバーの役割について話し合います。

●教師と同僚──教師は、カリキュラムに含まれることになるかもしれない内容、進め方、資源について、同僚や、場合によっては親たちと話し合いをします。

交渉と授業

交渉に必要な能力を生徒たちが身につけられるようにするための活動を年度の始めにすることは大切なことですが、その後も交渉は授業に統合された一部であり、常に行われるものであるという位置づけにならなければなりません。交渉に必要な能力（たとえば、アクティブ・リスニング[1]、質問、話し合い、思考力など）が生徒たちに対して常に明示されることは大切なことですが、同時にそれらは、意味のある状況で教えられればなお望ましいです。

(1) 何故、交渉するのか？

交渉は、自分たちの学びに責任をもつ自立的な学習者を育てるのに役立ちます。それは同時に、自己評価と振り返りの重要な要素も提供してくれます。交渉をすることは、生徒も教師も協力してかかわる者すべてにとって受け入れられ、有益な判断をもたらすためにチームワークを必要とします。交渉の間、生徒も教師も自分たちのニーズを振り返る必要があり、自分たちの教え方や学び方を改善するためにより効果的な方法を選択することになります。

効果的な交渉は、以下のようなスキルや方法も身につけるのに役立ちます。

・振り返りとメタ認知	・目標設定
・問題解決	・意思決定
・協力	・時間の管理

---

[1]★アクティブ・リスニングは、日本語に直すと「傾聴」です。少なくとも、単に耳だけで聞くのではなく、「聴」という字の右側は**心**と**目**も使って聞くことを表しています。

⑵ 何について交渉できるのか？

　教師がもっている広い教育目標とカリキュラムの枠という中で、学校とクラスで行われるほとんどすべてのことは交渉可能です。交渉の範囲は、そのときの教師がもっている目的や目標にかかっていると言えるでしょう。交渉することの利点の一つは、決まり事や学びへの期待などを自分のものと思えることで、それはさらに、学習者が自分自身の学びに対してより熱心になるのを助けます。

　生徒たちが身につけないといけない知識や概念や技能や態度などを計画する責任は、依然として教師にあります。いつ、どのようにして生徒たちの成長や授業の効果をモニターしたり、記録したり、報告するのかは、当然教師が計画します。

　単元を計画するときは、交渉できないことや、生徒たちに学んでほしいことについてのねらいや知識、技能、態度などについて教師が決めなければなりません（57〜58ページを参照）。これらの枠の中で、生徒たちは以下のような学びの側面について交渉することが可能となります。

①教室内の諸々の配置
- 座席の配置
- 教具や備品類の配置
- 材料などの保管場所
- 個人の所持品の保管場所

②作業の条件
- グループのメンバー
- 時間の使い方
- クラスの規則や手順

③自分たちの学びに関すること
- 学習環境の組織の仕方（個人、ペア、グループ、仲間での教えあい、異なる年齢での教えあい、学習センター[★2]など）
- 評価の仕方
- 契約の条件
- 課題を実施したり、記録をとったり、発表したり、評価したりする方法
- 何を学ぶべきか（たとえば、テーマの選択）

第 4 章 交渉 81

- ●テーマや問題のどんな側面を掘り下げたいか
- ●目標の設定

たとえば、「変わりゆく私たちの環境」というテーマで学習をする際、生徒たちが「資源は有限である」ということを理解することが教師のねらいかもしれません。この理解を得るために、生徒たちが調べる方法や資料および人材の活用の仕方などは交渉可能ですが、教師が生徒たちに獲得してほしいと思っている理解については交渉の余地はありません。しかしこのとき、教師が計画したこととは違った様々なことを生徒たちは学んでしまうということを踏まえておかなければなりません。

同じように「仕事の世界」の単元（第 3 章参照）では、生徒たちが「職業の選択は変化しており、また選択に影響を及ぼす要因もたくさんあるので、どのようなキャリアを歩むかは極めて多岐にわたる」という理解に達するように計画しました。生徒たちは、テーマをどのように調べていったらよいかということについては交渉できましたが、教師が掲げたねらいについては交渉できませんでした（58ページ）。

交渉のスキル

(1) 交渉する際に使うスキル（技能）にはどんなものがあるか？

生徒たちが効果的な交渉をするために必要なスキルを学び、練習することができる「本当にある状況★3」を教師は計画する必要があります。また、教師がそれらのスキルを使うことによって、生徒たちはそれらがどのように使われるのかいろいろな場面で見ることが可能になります。表4－1は、交渉の際に使われるスキルをまとめたリストです。

....

★ 2★学習センターは、教室の中に多様な学習が同時並行的に行われるようにスペースを確保して、小グループで順番にそれらをこなしていく方法です。各スペースにおける指示の出し方は、メモや模造紙にあらかじめ書いておいたり、カセットテープを使ったりなどいろいろ考えられます。生徒たちが各スペースで学んでいる間、教師の役割は巡回しながら必要に応じて適切なサポートをすることです。

★ 3★「本当」あるいは「本物」と訳される「authentic」は、1990年以降の欧米諸国の教育界におけるキーワードの一つです。「本当の学習活動」や「本当の評価」という形で使われます。それは、これまで学校でして来たことの多くが、学校の中でしか通用しない（つまり、社会に出てからはほとんど役に立たない）「偽物」であったという反省のうえに立っています。生徒も含めて人間は、自分にとって役に立ち、学ぶ意味が感じられる「本当にある状況」でこそよく学べることが研究によって分かってきています。

82 パート **2** 振り返りとメタ認知能力を磨くための方法

表4－1 交渉の際に使われるスキル

スキル	具体的な内容
アクティブ・リスニング	発言者に聞き入るだけでなく、発言者のメッセージと、そのメッセージによる聞く側の理解をより完璧に近づけるためのコメントや質問をするためによく聞くこと。
質問	さらなる情報を取得したり、明確にしたり、詳しくするために質問すること。
話し合い	参加者全員が生産的な会話に参加すること。
思考	状況や考えを様々な視点から見たり、検討すること。
意思決定	交渉を助ける幾つかの方法の中からよい方法を選んだり、使いこなせること。
選択	選択をするための系統だった方法を身につけること。
アサーティブな話し方	意見や発表すべきことを自信をもって考え出し、述べ、擁護すること。
推論	高度な思考力を使うこと。
計画	計画や準備、組織化のスキルを効果的に使いこなすこと。
記録	過程についての効果的な記録をつくり出せること。
問題発掘	起こっていることを観察し、それを振り返り、修正が必要な箇所を見つけだせること。

⑵ 生徒たちが効果的な交渉力を身につけるのを助ける

　生徒たちと教師が、意思決定の過程に参加することに自信がもてるクラスの雰囲気をつくり出すことが大切です。年度の始めには、クラスの諸々の配置や物事の手順、条件などが決められる中で、交渉の際に使われるスキルは紹介されたり修正されたりします。たとえば教師は、生徒たちにクラスの規則や手順や配置などを決めるのを助けてくれるように頼むことができます。また、クラスの手順や条件などを決めるのに、教師は生徒たちが適切な交渉力を使いこなせるようにモデルで示したり、話し合ったり、練習したりできます。ちなみに、これら手順や条件などは頻繁に確認したり、必要に応じて修正したりする必要があります。

　時には、新しいスキルはそれを学ぶための特別な授業の中で扱われますが、なるべくなら、教科の中の授業の一部として扱うほうがよいでしょう。

(3) 交渉の導入

　年度の始めは、個々のスキルに焦点を当てられるように、与える課題は単純でなければなりません。それは、以下のようなケースです。
- 交渉が必要な課題について
- 日常的に使われる手順について
- 身につけなければならない特定のスキルについて

　たとえば、教師が計画した単元案がテクノロジーの教科で、そのテーマが「テクノロジーとスポーツ」だとします。さらに、理解するために掲げられた一つのねらいが、「ほとんどのスポーツは、テクノロジーの進歩の影響を受けている」とします。その際、生徒たちは、以下のうちの一つかすべてを交渉することができます。
- 取り上げるスポーツの選択
- それをどのように調べたいか
- 調査に必要な時間
- 使うことになる情報源や人材

　何について交渉するかを決めた後は、以下のような手順で進めていきます。

❶交渉する事柄について説明します。たとえば、「調査するのに必要な時間はどれくらいか？」です。

　使うスキル：アクティブ・リスニング、問題発掘

❷クラス全体でそれに関連して考慮すべき点を出し、優先順位をつけたうえで話し合います。その際、以下のような点について話し合うことが考えられます。
- ・質の高い発表をするために必要な時間
- ・調査や発表準備以外に必要な時間
- ・与えられた課題の複雑さ
- ・話し合いや決定に要する時間
- ・振り返りのための時間
- ・生徒と教師のニーズ

84　パート2　振り返りとメタ認知能力を磨くための方法

教室での活動のほとんどは交渉を伴うようにできます。

使うスキル：アクティブ・リスニング、質問、思考、記録、意思決定、アサーティブな話し方

❸ペアになって最も適切な結果を話し合い、決定します。そして、その決定を裏づける根拠についても考えるように伝えます。
　使うスキル：アサーティブな話し方、アクティブ・リスニング、思考、話し合い、協力、意思決定、記録

❹クラス全体で集まり、各グループが決定したものを紹介しあってリストにします。
　使うスキル：発表、アクティブ・リスニング、記録

❺すべて出された決定について話し合い、提案について考慮したうえで一つの結果に合意します。
　使うスキル：アクティブ・リスニング、思考、合意形成

契約と交渉

　契約は、課題か学びの態度の側面に関するもので、生徒が交渉の結果設定した項目を満たすために、教師と生徒の間で交わされる書面による合意のことです。契約は、やるべきことを明確にして生徒の動きを規制するだけでなく、教えること・学ぶこと、責任の共有、交渉力を身につける助けにもなります。

(1) 何故、契約を使うのか？
　契約を使うことによって生徒たちは以下のことができるようになります。
- 異なるスピードやレベルで課題に取り組むことができる。
- 交渉の結果合意した目標（態度や課題）を達成することができる。
- 自立的な思考と学習のスキルを身につけることができる。

　一方、教師にとっては次のようなことが可能になります。
- 生徒の振り返りとメタ認知能力を養うことができる。
- 生徒たちに、より効果的な時間の管理を促すことができる。
- 生徒のやることを、より各自にあったものにすることができる。
- 単元に柔軟性を与えることができる。
- 生徒の自立を図ることができる。
- 生徒たちに個別指導をすることができる。
- 生徒たちの進捗状況を確認することができる。
- 各教科・領域において、生徒たちのスキルを身につけさせることができる。

(2) 契約の様々な用途
　契約は、以下のようなことに使うことができます。
- 時間を管理する
- 計画する
- スキルを身につける

86 パート **2** 振り返りとメタ認知能力を磨くための方法

● テーマについて調べる

● 内容について理解する

　契約は、グループを対象にも、個人を対象にもつくれますし、(たとえば、1時間の授業、1日、1週間、特定のテーマを扱っている期間など) 様々な時間の制限を設けることもできます。低学年の生徒の場合は、1時間の授業ごとがよいでしょう。

契　　約

私は改善したい　**ひんぱんに大声を出さないように**

なぜなら　**時々、話している人の腰を折るから**

私はこのことをいつまでに達成したいと思います　**3月1日**

生徒のサイン　**キャスリン**

教師のサイン　**L. ウィング・ジャン**

日　付　**1993年2月4日**

私、　**ヘイリー**　は、以下のことを改善したいと思います。

　　静かに作業をする

　　ほかの人の邪魔をしない

　　　そして

　　話している人の目を見て聞く

　　　　サイン　*Hayley*

　　　　　ヘイリー

(4) 異なる目的に応じた異なる形式と内容

目的に応じて、契約の形式と内容は様々です。

- 生徒たちの名前は左端に上下に順番に書き、やらなければならない課題は右上に書いた大きな紙（あるいは、黒板）。――生徒たちに何をするかは自分で選ばせ、終わったものには印をつけさせます（89ページの写真を参照）。
- いろいろな目的に使えるワークシートを使う方法。――名前と日付を書く欄以外に、交渉の結果決まったことを書き込む欄があります（巻末の**ワークシート3〜5**を参照）。
- 合意した契約の内容を、教師か生徒によって細かく書かれた手紙。
- 学年が低い生徒のための図柄。――異なる形をそれぞれの活動に見立て、生徒がそれぞれを終わるたびに該当する形を色鉛筆で塗らせます。この方法は、生徒たちに部屋の中の異なる活動の中から選ばせることも可能にします。

(5) 契約を効果的に使う

そのために、教師は次のことに注意します。

- 契約を事前にデザインし、交渉しているときは学習目標を明確にもつ。
- 契約は徐々に紹介すること――クラス全体に一度に紹介する（あるいは、個別の生徒を対象にする）よりも、小さなグループに順番に紹介していったほうがよいかもしれません。契約を導入するときは、契約の内容を満たすためにどのように自分たちを組織したらよいか、あるいはどのように協力して事に当たったらよいかなど、グループ内あるいはグループ間で生徒同士が助けあえるようにするのがよいでしょう。
- 契約の内容を生徒が確実に理解していること――契約を一緒に読んで、内容を話し合いましょう。

88　パート **2**　振り返りとメタ認知能力を磨くための方法

<hr>

私の今年の目標

私は努力します。

責任をもち、賢い学習者になることを。なぜなら、

自分がしたことに満足したいからです。

意見の相違があるときはクラスの友達と話し合います。なぜなら、

ケンカをするのはよくないからです。

使い終わったら元の場所に戻します。なぜなら、

次に使う人が使いやすいからです。

教室をきれいに整理整頓しておきます。なぜなら、

きれいな教室は気持ちがいいからです。

友達の話は注意して聞きます。なぜなら、

何か大切なことを話したいのかもしれないからです。

教室の中は歩きます。なぜなら、

走ると転んでケガをするかもしれないからです。

校庭で話すときよりも静かな声で話します。なぜなら、

大声を出していたら集中できないからです。

自分の持ち物はきれいに整理整頓しておきます。なぜなら、

もし、散らかっていると何かをなくしやすいからです。

何でも試してみるつもりです。なぜなら、

たとえうまくいかなかったとしても、試すことは大切だと思うからです。

その他

サイン　　**カラ**

教師のサイン　　**L. ウィング・ジャン**　　日付　　**1993年2月2日**

<hr>

- 契約の内容について交渉をすること——それは、教師の考えを押し付けるのではなく、教師と生徒の交渉の結果でなければなりません。契約が機能するためには、生徒たちがそれに拘束力を感じなければなりませんし、自分のものという意識ももたなければなりません。最初は、契約全体の一つの点だけについて交渉するのがよいでしょう。たとえば、すでにテーマや情報・人材については書いておき、時間の欄だけを空けておいてそれについて交渉するといった具合です。
- 新しいスキルは、実際にモデルとして見せること——契約したことを実行するためには、内容ついて生徒がしっかり理解しており、自信ももっていなければなりません。

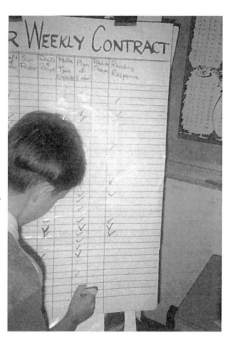

クラス全員の契約は、時間の使い方を子どもたちに教えることになる。

- 生徒たちには、自分たちのニーズに従って契約をつくり出すようにすすめること——初めは教師が契約をつくるかもしれませんが、交渉と練習を通して、徐々に生徒たちが自分自身の契約をつくり、実行できるようにしましょう。

交渉は生徒のためだけではありません

　教師はリーダーシップを発揮し、教室の枠を越えて効果的なチームのメンバーとしてかかわりをもつことがますます期待されています。この章で紹介した交渉のスキルは、教師が同僚たちや保護者たちと職場や職場以外でも使えることが証明されています。

90　パート**2**　振り返りとメタ認知能力を磨くための方法

振り返り

いつも作業をちゃんと終わらせたり、やるべきことをより早くやってしまったり、していることを系統立ててすることを学ぶために、僕たちは契約を使うと思います。僕たちは、自分たちですることに慣れなければなりません。

もし、やるべきことを早く終わらすことができれば、もっと楽しいことができる時間が増えます。でも、イライラするときもあります。とても難しいからです。そんなときは、契約を優しくしてもらうためにウィング・ジャン先生と話さなければなりません。

第5章 質問

生徒たちにさらなる質問を促して問題を解決させようとしないで一方的に教えてしまう教師、本来生徒が言うべき質問を自分が言ってしまう教師、そして生徒たちに考える時間を与えずにあまりにも早く自分で答えを言ってしまうような教師であれば、生徒たちは学ぶことを嫌いになってしまう。

(Plowden Report, 1967, p.195)

何故、質問か？

　質問をするということは、振り返りとメタ認知能力を養うときに欠かせないものです。それは、生徒と教師に理解していることを振り返らせるだけでなく、学びや思考や授業の改善も導いてくれます。

　質問をすることは、教えたり、学んだりする過程の重要な一部です。生徒と教師の両者がすでに知っていることを明らかにし、それを基礎にして新しい考えを築くことを可能にします。質問をするということは、問いかけの土台をなすものです。また、質問をすることには次のようなメリットがあります。

- 思考力を伸ばす。
- 理解をはっきりさせる。
- 教えることや学ぶことへのフィードバックを得る。
- 修正する方法を提供してくれる。
- アイディア相互の関連を明らかにする。
- 好奇心をかき立てる。
- チャレンジ精神を提供する。

いい質問とは？

　いい質問とは、以下のようなものです。
- 学びに貢献する。
- さらなる質問や答えを探し求める興味への導火線となる。
- 創造力とクリティカルな思考能力を使う。
- 情報を思い出す以上の思考力を使う。
- 学習の状況や生徒にふさわしいもの。
- 既存の知識を踏まえて関連づけるもの。
- 生徒たちを振り返りや計画に巻き込むもの。

　たくさんの質問があって、答えるためにもたくさんの時間があるので、私はプロジェクトのための質問に答えるのが好きです。私が答えを知らないのに、先生が同じ質問を聞き続けるときは好きではありません。グループのときは、ディベート形式の質問も好きです。このときも時間をもらえ、自分の意見が間違いであることはないからです。

　いつも正しい答えを言わなければならないので、私は算数に関する質問が嫌いです。私が答えを知らないということを知っているにもかかわらず、先生がしつこく私に答えさせるときも嫌いです。先生は私たちのことを知りたがっているようなので、たくさんの質問をします。

質問の種類

　異なる目的に応じて質問の種類も違います。

①**閉じた質問**——正解が一つしかない質問のことです。これはたいてい、情報を思い出したり、生徒たちが活動をする前や後の知識を計るのに使われます。教師が大切だと思っていること（例題：オーストラリアの人口はどのくらいですか？）を、生徒たちがどれだけ覚えているのかを確認したいために使われることが多いです。

②**開かれた質問**——たくさんの異なる回答があり得る質問のことです。これはしばしば情報を築き上げたり、より個人的な回答を可能にしたり、さらなる話し合いや問いかけをつくり出すのに使われます。しばしば、予想もしていなかったことを暴き出したり、特別で予想もつかない話し合いや調査を導くことがあります（例題：「よく読む」ときはどんなことをしますか？）。

③**飾り的な質問**——答えを期待しない質問のことです。これはしばしば、授業の開始時に扱う内容を紹介するときの質問として使われます。よって、その時点で答えを求めるものではありません。これらの質問（例題：考えるとはどんなことですか？）は、これからカバーする内容に生徒たちを適応させるために使われます。

　上記の三つの種類の質問は、さらに以下のような質問としても使えます。

①**個人への質問**——質問をする前に回答する人を選びます。

②**全体への質問**——誰かが返事をする前に全員に考えてもらいます。

③**生徒によって考え出された質問**——筆記ないし口頭の形で、いろいろな種類の質問を生徒たちにつくってもらいます。

　しばしば、生徒たちは、自分の学びの体験について質問する機会を提供されることが大切です。その際、以下の方法が質問をするということに関して生徒たちに自信をもたせるでしょう。

●授業の間か最後に、生徒たちに質問をつくらせる時間を確保する。

94　パート **2**　振り返りとメタ認知能力を磨くための方法

● 授業の途中に、生徒に振り返りや質問する時間の余裕を与える。

● 授業に関して質問はないかどうかを、以下のように生徒たちに尋ねてみる。

❶ どのようにして答えを見いだしましたか？　質問はありますか？

❷ 依然として不思議に思うことはありますか？

❸ もし、あなたが教師なら、生徒たちに尋ねたらいい質問は何だと思いますか？

　さらに質問は、回答に必要な思考のレベルに応じて分類される方法があります。ベンジャミン・ブルーム（Benjamin Bloom[1]）によって考案されたこの思考力の分類は、特に質問として使われたとき、単なる事実を思い出させるレベルの質問だけでなく、ほかに多様な可能性があることを教えてくれます。ブルームの分類は、教える際にしばしば無視されてきた思考力の重要な枠組みを教師たちに提示してくれているのです。

　表5－1は、この思考力の枠組みを、生徒たちがゴミ問題を調べる単元の質問づくりに応用したときの例を示しています。生徒たちは、校庭のゴミを調べなければなりませんでした。その際、生徒たちは高いレベルの思考力を使うことを奨励されました。

　これは質問の仕方によって、異なる思考の方法を身につけるのに役立つ効果的な方法です。分析と評価は、特に振り返りを必要としています[2]。

　高いレベルの思考力を養うために、教師が使えるもう一つの枠組みが表5－2のモデルとして紹介されています。これは、生徒たちに自問自答することを要求し、様々な学習の場面に応用することができるものです。また、このモデルは、すべての教科・領域に組み入れることができます。クラスの中でのやり取りは、高いレベルの思考力を必要とする質問がつくられるように展開されるべきだと思います。

第5章　質問　95

表5－1　思考力を育てるための枠組みであるブルームの分類を、ごみの単元の質問づく
りに応用した例。

使われる思考力	必要なプロセスの説明	質問の例
覚える	記憶だけが必要。情報を思い出す。	ゴミはどこで見つけましたか？
理解する	言い換えが必要。情報の言い換えと比較。	何故、ゴミはそこにあったと思いますか？
応用する	知識を新しい状況や体験に応用することが必要。	身近な所にあるほかの環境問題の例を考えられますか？
分析する	動機や原因、そして証拠を明らかにしたり、結果を導き出すために情報を使うことが必要。	校庭にゴミが散乱する原因は何だと思いますか？
まとめる	予想を立てたり、問題を解決するために、情報をまとめることが必要。	校庭のゴミの散乱を避けるにはどうしたらよいと思いますか？
評価する	意味をつくり出したり、判断をしたり、意見を提示するために情報を使いこなすことが必要。	校庭にゴミを散乱することが許されると思いますか？校庭のゴミの散乱についてあなたはどう思いますか？

表5－2　自問自答のモデル

1．課題を理解する 必要事項を明らかにする。すでに知っていることと変えなければいけないことを判断する。	ここで私が求められていることは何か？私がすでに知っていることは何か？
2．目標を設定して計画する 適当な行動を選択する。	どんな方法を使うことができるか？最初に何をするのがいいか？
3．計画を実行し、その過程をモニターする	計画はいいか？修正する必要はあるか？自分のしていることを正当づけられるか？
4．行動や計画を修正する	次にするときはどう変えるか？

★1★(1913〜1999) シカゴ大学教育学部の教授だった人で、この「思考力の分類」は少なくとも日本以外の多くの国々で教える際の重要な指針の一つとされています。理由は、暗記以外に大切な思考力をつけるための大きなヒントを提供しているからです。ちなみに、これが発表されたのは1956年のことです。
★2★最近では、このブルームの六つの分類に、マルチ能力の八つの能力を掛けあわせた形でつくる質問がポピュラーになりつつあります。96〜97ページの表5－3を参照してください。

96　パート **2**　振り返りとメタ認知能力を磨くための方法

体験をすることから出発 →

表5-3　質問
——ブルームの

マルチ能力		応用する	分析する
	論理的—数学的能力	解く 換算する 展開する 予定する 並べる 構成する	質問する 解く リストアップする 比較する 区別する 検討する
	言語能力	応用する 教える 解釈する インタビューする 意思疎通を図る	分析する ディベートする 批評する 討論する 質問する 調査する 解釈する
	空間能力	図表で示す 展示する 解釈する 教える　　　　描く つくる　　　　応用する 図表をつくる まとめる　　　図示する	分解する 検討する 図表にする 区別する
	音感能力	演奏する（ソロかグループで） 調和音を加える 練習する リズムに合わせる 音楽に合わせる 教える　　　　　（特徴づける） （表現する）　　（選ぶ）	分析する 比較する 解釈する
	身体—運動能力	応用する リズムに合わせる 劇にする　　　マイムをする 作業をする （教える） （演じてみせる） （練習する）	解釈する 分解する 試す 図表にする （リストアップする）

（　）は使われ方によって含められる言葉。

づくりに使う言葉
分類の応用——

> テストのための準備

評価する	まとめる	理解する	覚える
予測する 測る　　　選ぶ 予想する　判断する 評価する 価値を認める 見積もる 再調査する	デザインする 推論する 分類する 仮説を立てる 立案する 系統立てて説く 提案する	説明する 計算する 証明する 表す　　　数え直す 認識する 並べる 構成する	分類する 名を言う
批評する 解釈する 討論する 予想する 関連づける 厳密に調べる 判断する　証明する	詩や文を書く 書き直す　提案する 推論する 応用する ディベートする 擬人化する 制作する	批評する 説明する 話し合う 表現する 報告する 表す 言い直す	名を言う 話す　　　分類する 思い出す 定義する 記録する　物語る リストアップする 記憶する
予測する 予想する 測る 判断する	系統立てて説く 計画する 提案する 整える デザインする 構成する つくり直す	位置づける 分類する　証明する 比較する 説明する 描き表す　認識する 様々な部分を関連づける	解釈する 応用する 描く 調和させる スケッチする
解釈する 批評する 弁護する／擁護する 特徴づける	編曲する　表現する 即席で演奏する 感情を表す 象徴化する 作曲する 物語を話す 移調する	稽古する 練習する （表す）	記憶する まねる 復唱する
試演する （測る） （ディベートする）	感情を表す 物語を話す （創案する） （組み立てる） （デザインする） （建造する）（整える） （立案する）（分類する）	演じる （位置づける）	まねる 演じる 運動する

"Inquiry Builder Chart" on page16.7 of *Exceeding Expectations: A User's Guide to Implementing Brain Research in the Classroom*, 2nd Edition, by Susan J. Kovalik and Karen D. Olsen, 2002. Used by permission of Susan Kovalik and Associates, www.kovalik.com.

質問を効果的に使う

　教師の質問をする能力（問いかけ能力）が、生徒たちの答えと思考の質に大きな影響を与えます。

●異なる目的と引き出したい回答に応じて、違った質問を使う必要性があることに気づく。

●それぞれの質問には目的があることを確認し、単に時間つぶしや生徒を忙しくさせるためには使わない。

●授業の前に鍵となる幾つかの質問をあらかじめ用意する。

●授業中、あるいは一日の間に使う質問の種類を多様なものにする。

●単に思い出して答えるだけでなく、説明したり分析する答えを求める質問をする。

●生徒の回答をよく聞き、振り返ったうえでさらなる質問をする（何故、そうしているかを生徒たちに説明する必要があります）。

●生徒たちにも、同じようによく聞き、考え、回答するように言う（このことは、繰り返して言う必要があります）。

●回答に対しては、肯定的に正直に反応する。生徒の回答を（それが、当たっていようが間違いであろうが）生徒たちのさらなる学びに利用する。

●単なる思い出すレベルを越えた、様々な思考過程を触発する質問をする。

●常に即答を求めることがよいわけでもないし、生徒たちは答える前に考えたほうがよいので、質問したあとに間をおく——「待ち時間」を長くすることがしばしば以下のような結果をもたらすことを、研究（Rowe 1973, Tobin 1986）は証明しています。

　　❶より長い回答が得られる。

　　❷答えたいという回答者の数が増える。

　　❸高いレベルの思考力を伴った回答が増える。

　　❹生徒がつくり出す質問の数が増える。

●生徒たちに、聞くことの大切さを気づかせる——みんなに話させることが必ずしもよい学びにつながるわけではありません。よい学び手は、必ずしもみんなの前

第5章　質問　99

で話さずに、よく聞いているだけということもあり得ます。

●質問することのコントロールを生徒たちに委ねる——研究（Cazden 1988, Perrot 1988）は、教師たちが授業中のほとんどの時間を質問することに費やし、生徒たちがする質問のほとんどははっきりさせるためやり方を教師に聞くためのもので、高いレベルの思考力を伴った質問がほとんどないことを明らかにしてくれました。しかし、機会さえ与えられれば、生徒たちにも複雑な思考を伴った質問をつくり出すことはできるのです。

　「はい」か「いいえ」かを答えるだけの質問は退屈です。先生が、手を上げていなかったり、答えを知らなかったりする子どもを指すのも嫌いです。答えを知っていたり、言いたいときに質問に答えるべきです。自信がある人もいますし、あまり自信のない人もいます。私は、普通、質問には答えません。あまり自信がないからです。でも、たまには大丈夫と思えることがあるので、もっと積極的に答えるべきだと思っています。

質問をつくり出す力と思考力を育てるための活動

　以下で紹介している活動は、生徒たちが効果的な質問をつくり出す力と思考力を育てるのを助けるために考え出されたものです。理想的には、これらの活動は、学年や扱うテーマのニーズにあわせて応用して使われるべきです。

(1) 立ち止まって尋ねる時間

　この活動は、普通は恥ずかしくて質問ができない生徒に対して、クラス全員が質問をつくる時間を意図的に確保することによって質問しやすくするものです。この方法はどんな授業にも使えます。授業中に、今していることをやめて、何でもいいから思いつくままに質問を考えるように生徒たちに言います。

⑵ 読んでから尋ねる

　生徒たちに、教科書を指示されたところまで読んでから、その内容などについての質問をお互いにしあうように言います。このとき教師は、低いレベルの思考力の質問を避けるために、ブルームの分類を使ってモデルを示したほうがよいでしょう。高学年の生徒たちには、最初から応用や振り返りなどの質問をつくり出すように指示しましょう。

⑶ 秤にかける

　クラスを三つのグループに分けます。教師が問題を投げかけるか、生徒たちに異なる視点を伴った出来事について読んだり観察させてから始めます。一つのグループが一つの立場を、もう一つのグループが対立する立場をとります。3番目のグループは、自分たちの立場を明らかにする前に、それぞれのグループに答えてほしい質問をつくり出します。

⑷ 私は何でしょう？

　たくさんの異なる答え（たとえば、異なる食べ物）をシールに書きます。それらを一つずつ生徒の背中に貼っていきます。自分の背中に貼ってある答えを当てるために、生徒たちは友達に質問をしなければなりません。それは、「はい」か「いいえ」で答えられる質問でなければなりません。たくさんの生徒同士のやり取りがあったほうがよいので、同じ生徒には互いに1回の質問しかできないことを伝えておきましょう。

⑸ 他人の立場になってみる

　この活動は、ほかの人たちがどのように考えたり感じたりしているのかを理解したり、扱っているテーマや体験を異なる視点から見てみることを奨励するものです。生徒たちに、自分とは違う視点から、たとえば以下の問題について考えてみるように言います。

- イギリス人たちが最初に到着したときのオーストラリアの先住民だったとしたら、あなたはどんな気持ちがしますか？

第5章 質問 101

- 戦争地域に住んでいる親戚がいるとしたら、あなたはどんな気持ちがしますか？
- 家族の誰かが宝くじを当てたとしたら、あなたはどんな気持ちがしますか？

(6) サイコロで振り返り

　少し大きめのサイコロの六つの面に、あらかじめ教師が文章の初めの部分か質問を書いておきます。生徒たちは順番にサイコロを振って、自分が出した文章に続くことか質問に答える形で振り返りをしていきます。この章の中だけでも、文章の初めの部分や質問の参考になるものがたくさん紹介されています。文章の初めとしては、以下のようなものが考えられます。

- 私が学んだこと
- 私にとってまだ助けが必要なこと
- 私の学びの助けになったこと
- 私がまだ改善できると思うこと
- 私がまだ不思議に思っていること
- 私の学びについて思っていること

(7) 6色の帽子[★3]

　それぞれの帽子の色は、特定の思考の種類を表しています。テーマが決められ、一人ひとりの生徒（ないしグループ）が帽子の色を選んでから、帽子の色の視点からテーマにまつわる質問を考えるように言います。

　表5−4は、「学校の休み」というテーマについての質問の種類を表しています。ほかにも、「制服」、「宿題」、「シートベルト」などの面白いテーマがたくさん考えられます。

★3★これを考案したのは、思考法では世界でも最も有名なエドワード・デ・ボノ（Edward de Bono）という人です。この事例の原型となる本が『会議が変わる6つの帽子』（2003年）として翔泳社から出ています。

表5－4 「6色の帽子」を使って「学校の休み」をテーマにした質問の例

帽子の色	伴う思考力	質問の例
白	事実や数字へのこだわり	学校の休みにまつわる事実や数字にはどのようなものがあるか？
赤	感情へのこだわり	学校の休みについてはどう思っていますか？
黒	否定的な思考へのこだわり	学校の休みの弱点は何か？
黄色	肯定的／楽天的な思考へのこだわり	学校の休みのいいところは何か？
緑	創造力へのこだわり	学校の休みを変えられるとしたら、どう変えるか？
青	思考プロセスをコントロールすることへのこだわり	かかわる人たち全員にとって、学校の休みの良い点と悪い点は何か？

6色の帽子をする子どもたち

第5章　質問　103

(8) 自分の帽子を当てる

　3人の生徒に教室の前に来てもらい、それぞれに異なる人、場所、出来事の名前が書かれた帽子をかぶって、残りの生徒の方に向いて立ってもらいます。3人の生徒は、自分がどんな帽子をかぶっているのか分かりません。3人の生徒は順番に質問をして、自分の帽子には何が書いてあるのかを当てるのです。

　質問は、「はい」か「いいえ」で答えられるものでなければなりません。「いいえ」の答えがクラスから出されたときに、次の人に順番が変わります。これを、1人の生徒が正解するかタイムアップまで続けます。授業で使っている言葉に限定したり、帽子をかぶった3人にヒントを与えることでゲームを簡単にすることもできます。

(9) プラス、マイナス、面白い事実

　生徒たちには考えるべき質問が与えられます。たとえば、「学校が義務教育でなかったらどうか?」などです。生徒たちは、この質問を考えるにあたって思いつく利点、弱点、面白い点をリストアップしていきます。また、元の質問から発生する他の質問もリスアップします。これらの質問は、さらに調査を続ける際にも使うことができます。(De Bono,1976)[★4]

(10) 質問をどうぞ!

　この活動では、生徒たちは2人一組のペアになります。1人はインタビューする人で、もう1人はされる人になります。これは、お互いをあまり知らない者同士が一緒になったときの方がうまくいきます。

　インタビューする人に、「いい質問」[★5]を使ってパートナーのことをできるだけよく知るように言います。インタビューに答える人は、質問に答えるだけで質問をす

★4★これもデ・ボノが考案した思考および発想法の一つで、今では広く使われています。これをするときは、よくTの字を逆さまにしたものを使って行います。縦線の左側に利点を、右側に弱点を、横線の下に面白い点を記入していきます。

★5★訳者が、ある研修会で「いい質問」をテーマにブレーン・ストーミングしてもらった結果は、以下の通りです。
①相手を非難しない。②他の人も答え聞きたくなる。③聞かれた側に発見がある。④掘り下げる。⑤さらに考えさせる/再考を促す。⑥わかりやすい。⑦質問される側に配慮をする。⑧第三者にも分かる。⑨いろいろ答えたくなる。⑩答えることがうれしくなる。⑪発想の転換を可能にする。

104 パート **2** 振り返りとメタ認知能力を磨くための方法

ることはできません。

　インタビューが終わったら、集めた情報をクラス全体に紹介しあいます。一番貴重な情報を提供してくれた質問の種類について話し合うことをお忘れなく。

⑾ *質問づくり*

　生徒たちには答えが与えられ、質問をつくります。
- 答えは「$2\frac{3}{4}$」です。質問をつくってください。
- 答えは「虫歯を防ぐ」です。質問は何ですか？
- 答えは「ロアルド・ダール[6]」です。質問は何ですか？

⑿ *難しい質問をしてください*

　生徒たちに、答えるのが難しいと思う質問をつくる機会を与えます。これは、以下のような点でとてもよい機会となります。
- 答えや質問について調べる方法を話し合う。
- 答えるのがより難しい質問の種類について話し合い、はっきりさせる。
- 生徒たちが何に興味や関心をもっているのか発見する。
- 調査研究の基礎を提供する。

難しい質問

＊何故、ある生き物はほかの生き物よりも重要なのか？

＊人はどうやってつくられたのか？　人は地球を壊しているだけ。人は何かの目的のためにつくられたのか？

＊異なる言語はどうやってつくられたのか？

⒀ *創造的な質問*

　創造力が必要な質問をつくります。ビクトリア州の教育庁（Ministry of Education 1986, p.40）は、多様な答えや解決法をつくり出すために、創造力を育てるための七つの異なるタイプの質問をリストアップしました。それらは、量、変化、予測、

視点、個人的なつながり、比較、価値観に対する質問のことです。

これらの質問は、すべての教科・領域で使えます。たとえば、**表5－5**には、国語と社会で使える質問の例が紹介されています。

表5－5　創造力を伴う質問はすべての教科・領域で使える

質問のタイプ	国語（しょうがクッキー人間）★7	社会 （オーストラリアの初期の植民地時代）
量	生姜クッキー人間を止めるための方法をどれだけ考えられますか？	最初の船団の乗組員たちがオーストラリアに着いた時、どれだけの食料を見つけたと思いますか？
変化	もし、おじいさんが生姜クッキー人間を捕まえていたら、物語はどんな展開になっていたでしょう？	最初の船団の乗組員たちが囚人でなかったとしたら、オーストラリアの開拓はどのように違っていたと思いますか？
予測	もし、キツネが親切で、生姜クッキー人間を食べてなかったとしたらどうなったと思いますか？	2100年には、オーストラリアはどうなっていると思いますか？
視点	もし、あなたがおばあさんだとしたら、生姜クッキー人間が逃げ出したあとに起こったことについて何と言いますか？	もし、あなたは最初の船団の乗組員の一人だとしたら、どんな物語が話せますか？
個人的なかかわり	生姜クッキー人間を捕まえるために、あなただったら何をしましたか？	もし、あなたが最初の白人の開拓者たちが到着したのを見届けた先住民だったとしたら、どんな気持ちがしましたか？
比較	生姜クッキー人間のキツネと3匹の子豚のキツネの行動を比べるとどうでしょうか？	オーストラリアへの最初の開拓者たちと、アメリカへの開拓者を比較するとどうでしょうか？
価値観の質問	生姜クッキー人間は、おばあさんから逃げ出すようなことをしてよかったと思いますか？	一つの集団が他の集団の土地を取り上げることは許されることでしょうか？　また、その理由は？

★6★(Roald Dahl、1916～1990) イギリス・ウェールズの生まれの作家。短編作家、児童作家として有名。主な作品は、「あなたに似た人」「チョコレート工場の秘密」「オ・ヤサシ巨人 BFG」「僕らは世界一の名コンビ！」「おばけ桃の冒険」など。ダールが子ども向けの物語を本格的に書き始めたのは1960年からで、最初の物語は彼自身の子どものためだったという。『チキ・チキ・バン・バン』（1968年）『007は二度死ぬ』（1967年）などの映画の脚本も書いた。

自問、自分との対話、自己評価

　注意して質問することは、生徒たちに自分の学びを計画したり、組み立てたり、振り返ったりするのに役立ちます。経験を積むことによって、生徒たちは自分自身の学びを改善するためによい質問ができるようになります。以下で紹介する自問は振り返りとメタ認知を伴い、内容について調べたりするときに生徒たちによって使われます（Dilena, Hazell & Nimon 1989 and Baird 1991を応用）。これらの質問は、授業や単元案をつくる教師によっても使えます。

方向づけ
- どんなテーマを自分は選択したのか？
- このテーマにはどんなことが伴うのか？
- このテーマについて何を知っているのか？
- 何について調べなければならないのか？

必要なことやアプローチの仕方を決める
- この課題を完成するためにできることは何か？
- 最初に何をする必要があるか？
- どのくらいの時間がかかるか？
- どのような資源や材料を使うのか？
- 情報はどのようにして探すのか？
- 情報はどのようにして記録するのか？
- 情報はどのようにして発表するのか？
- 上の質問に答えられなかった場合はどうしたらいいのか？

進歩をモニターする
- 自分の考えはどう変わったか？
- やるべきことをこなすために系統立ててやれているか？

- 自分がしたことが理解できているか？
- 次に何をしたらいいか？
- 必要な情報はすべてあるか？
- 質問を理解していたか？
- やり方を理解していたか？

　自問することを通して、生徒たちは自分の行動や学びについて振り返ることを迫られ、改善が必要と思われたところに関しては新たな行動を起こします。
- 自分は系統だったやり方をしたか？
- 目標を達成したか、あるいは質問に答えられたか？
- どんな方法を私は使ったか？
- 自分一人でやることができたか？
- 何を学んだか？
- まだするべきことはあるか？

　これらの質問は模造紙に書き出して、生徒たちが自己評価する際のよりどころとして使えます。あるいは、教師が質問を読み上げる形でもできます。これらの質問に対する生徒たちの回答へは、即座にフィードバックを提供することが大切です。
　そして、生徒たちが効果的に振り返ったり、課題をするのに使う方法を言葉に表すことを助けるには、教師がどのような質問をするかが鍵を握ります。以下のような質問が参考になるでしょう。
- それはどのようにしたのですか？
- それをしたとき、どのようなことを考えていたのですか？
- 何故、その方法を選んだのですか？

★7★『しょうがクッキー人間(The Gingerbread Man)』(Sue Ullstein／うつみ宮土里訳、南雲堂、1990年) は、英語を母国語とする人たちならほとんど誰でも知っている有名な物語。生姜クッキーは、いろいろな形にかたどってオーブンで焼く生姜入りの菓子パンのこと。この物語は、老人夫婦が営む農場に男の子と女の子が助けに来たところから始まる。子どもたちのために、おばあさんが焼き上げた男の人をかたどった生姜クッキーが逃げ出してしまう。おじいさんも、子どもたちも、馬も、牛も、犬も、猫も、捕まえようとしても捕まえられず、みんなから逃げようと川まで来た生姜クッキーが困っているのを見て、「助けてあげよう」と申し出たキツネに食べられてしまうというお話。

108 パート**2** 振り返りとメタ認知能力を磨くための方法

● 課題をするときに使ったすべてのステップを説明してくれますか？
● もし、またそれをするとしたら何を変えますか？　また、それはどうしてですか？

　しばしば、教師は生徒たちが振り返ったり、自己評価するのを助けるために指針となる質問を提供したくなります。表5－6は、生徒が特定のプロセスや学習に集中するのを助けるために、教師がすることのできる質問のタイプを紹介したものです。なお、表5－6の質問は、教師自身が自分の授業・単元案をつくったり、自己評価をする際にも使えます。

表5－6　生徒が特定のプロセスや学びに集中するのを助けるために、教師が尋ねることのできる質問

学習の条件についての質問	何が私の学びを助けるか、また妨げるか？ どんなときに一番よく学べるか？ ……について学ぶとき、自分はどうしているか？
学びのプロセスについての質問	これを誰かほかの人に教えるとしたら、どのように教えるか？ 自分は……をどのように学んだか？ ……をまたするならどのように変えるか？　それはどうしてか？
グループでの作業の仕方についての質問	何故、自分たちのグループはうまく機能しているのか？ 私たちのグループに自分はどう貢献したか？ 私たちのグループがさらに改善するにはどうしたらいいか？
質問に対する質問	人は何故質問をするのか？ どんな質問の種類が私には助けになるのか？ 難しい、また優しい質問とはどんなものか？ 教師が私に質問するとき、どんな気持ちがするか？
教科に特定の質問	**国語**・正しくスペルが書けるようにするにはどうしたらいいのか？ 私が読むのを助けてくれるものは何か？ **算数**・分数の何が私をまだ困らせているのか？ **理科**・私が気体について学んだことは何か？

第5章 質問 109

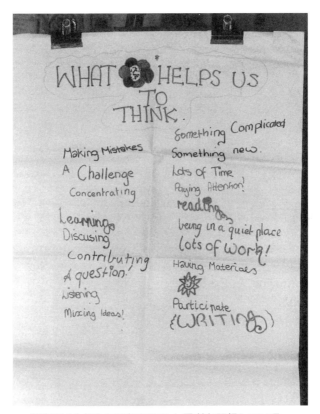

模造紙は生徒たちの振り返りと思考を記録している。

私たちの思考を助けるもの	
間違いをする	何か複雑なもの
試してみる	何か新しいもの
集中する	たくさんの時間
学習する	注意を払う！
話し合う	読む
貢献する	静かな場所にいる
質問する	たくさん勉強する！
聞く	教材や教具を持っている
考えを混ぜあわせる	＜太陽のマーク＞
	参加する
	（書く）

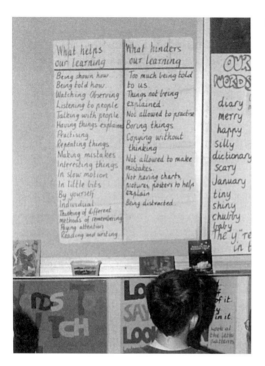

いったい何が学びを助けたり妨げたりしているのかを明らかにすることによって、子どもたちの学びが改善する。

何が学びを助けるか	何が学びを妨げるか
どうするか見せてもらう	たくさん話しかけられすぎ
どうするか聞く	説明されない
見る／観察する	練習させてもらえない
人の話を聞く	退屈
人と話をする	考えないでコピーしている
説明してもらう	間違いが許されない
練習する	模造紙や絵やポスターなど説明を助けるものがない
繰り返しする	邪魔される
間違える	
興味のあるもの	
ゆっくりやる	
少しずつやる	
自分でする	
覚えるためのほかの方法を考える	
注意を払う	
読み書き	

１．自分との対話

　自分との対話は、思考プロセスの欠かせない一部です。人が学んでいるときは、学び手は常に自分と話をしています。それは、学習者を以下のような形で助けます。

● 達成目標を明確にする。
● 課題（ないし目標）を扱いやすい側面に分ける。
● 手短な課題に焦点を当てる。
● 課題のどの部分をいつ扱ったらいいか考える。
● より良い結果を導くために、振り返りとメタ認知能力を使う。

　自分との対話は、さらなる学びに向けて計画したり、選択したり、またその結果について振り返ったりする際に行う自問することも含まれます。一般的に、自分との対話は言葉に表さないで自分の頭の中で行われますが、実際に起こっているプロセスをモニターし、練習するために声に出してみるとよいでしょう。していることと考えていることの関連を生徒たちにはっきりと示せるので、特定のスキルを、声に出しながら実際にしてみせることが教師の大切な役割となります。

２．自分との対話を言葉に表すことと、自問

　特定の学ぶ方法をモデルで示すときに、その時点で考えていることを言葉に表すと一層説得力があります。自分との対話と、してみせている方法の根拠を示すことによって、両者の価値が生徒たちにはっきりと見えるようになります。また、そうすることによって、生徒たちが自分の学び方にそれらを加えるのをより容易にします。実際にしてみせながら考えていることを言葉に表すことは、思考と行動の関係を生徒たちに見せることになります。

　たとえば、生徒たちの前で書いているとき、文章の中で適切と思える言葉をどのようにして、何故選んだのか、そして教師が見なれない言葉のつづりを正しく書けるようになるまで実際に言葉に表すことなどはとても大切なことです。これは、書くという過程に常につきまとうスキルや方法を実際にしてみせていることになります。

「これが一番いい方法だと思うのだけれど……？」

「これをより良くする方法はないのかな……？」

　同様に、問題解決の過程を実際にしてみせるときは、特定の方法を選ぶ理由をはっきりと言葉に表して説明したほうがよいでしょう。

　自分自身のスキルや知識の一番よい学び方、および判断の仕方を声に出して言う教師は、より効果的に学ぶために絶えず振り返り、また振り返りに基づいて修正を加えながら行動している生徒たちと自分は同じ学習者なんだということを示しているわけです。自分の学び方や教え方について質問し、その過程を言葉に表すことで、教師は生徒たちにメタ認知を促進する思考のプロセスを見せているのです。活動を通して学んだことや次には自分がどう改善するか、また次の段階を、何故そのように計画するかといったことを言葉に表すことによって、教師はよい学び方のモデルを示していると言えます。教師は生徒たちに、振り返りとメタ認知能力の基礎となる枠組みを提供しているのです。

　自問することは、自分との対話の一部分です。質問は、誰かと意思疎通を図るときにのみ使われるのではありません。質問は、学習者がさらなる学びを計画したり、思考力を身につけられるようにするために、自分との対話の一部として一人で自問自答するときに効果的に使えます（このために使える質問の種類については93～97ページを参照）。

　この自分自身に対して行う説明と自問は、実際に自分たちがしていることが何故どのようにして選ばれたのかを認識する助けとなります。私たちは、生徒たちに学びを計画したり、自分のしていることを改善するときの具体的な方法を提供することができるのです。そうすることによって、生徒たちは私たちのアプローチを確かめたり、修正したり、あるいは疑問を抱けるようになります。

　計画した活動や方法が設定したねらいを達成していないことを認め、修正する必要性を認められる教師は、計画を変更して実行することが学びの大切な一部であることを示しながら、学びを改善するために振り返りをどう使えばよいかという素晴らしいモデルを生徒たちに対して提供しています。また、計画の変更理由を言葉に表すことは、柔軟性、自己評価、適応性の大切さも強調することになります。

第5章　質問　113

3．自分との対話と自問の活動

● 活動をする前、間、後のそれぞれの段階で計画したり、何かを決めるときは、自分との対話をモデルで示す。[8]

● 問いかけ方のモデルを提供する。たとえば、「私は……だと思う」「もし……なら」「どうしたら……は可能なのか？」「……はできるかな？」など。

● すべての教科・領域で分析したり、比較したり、問題を解決したりするように問いかける。

● 生徒たちに教師の言動をよく観察させて、何故そのようにしたのかを述べさせる。以下のような質問をしてみる。「私は、何故その質問をしたのか？」、「あなたが考えていることを私が知りたいと思ったのは何故か？」

● 観点の違う質問をする。

● 生徒たちに、口頭と筆記の両方で自分との対話と自問の練習の機会を与える。

　以下の活動は、すべての学年と教科・領域で使われています。

(1) 作業をしながら考えていることを話す

　この活動は、生徒たちがペアになってします。1人の生徒は、もう1人が作業をしているところを観察します。観察される生徒は（書いたり、数学の問題を解いたりなど）課題に取り組み、その最中にする思考をすべて言葉にして表します。観察者は注意して見、そして聞き、分からないときはその行動の説明を要求します。ある一定の時間がたったら、観察者に何を見たか、そして学習者はどのように作業をしていたかをクラス全体に報告してもらいます。

(2) 回想する

　生徒たちの作業が終了したら、特定の課題ないし問題について考えるときにしたことを回想して、口頭、あるいは書面で説明するように言います。

★8★前項およびこの項で紹介している方法には、「見本を示す」と「考え聞かせ」という名称がついています。『「学びの責任」は誰にあるのか』（47〜60ページ）および『読み聞かせは魔法』（特に第3章）を参照してください。

(3) その影響は何だと思いますか？

生徒たちに、自分がしたことの短期的な影響と長期的な影響を考えてみるように言います。そのあとで、そのことを効果的に行うのにはどうしたらよいのかという手順について考えます。たとえば、図工の授業の後片づけをしなかったときの影響にはどんなものがあるかを考えてもらいます。そのあとで、後片づけをうまくするのにはどうしたらよいかということを考えます。

(4) もし、あなたが教師なら

生徒たちに教師の立場になってもらい、自分の行動について説明してもらいます。
- もし、あなたが教師だったら……のときはどう変えますか？
- ……について問題を抱えている子どもをどうやって助けますか？
- 次の授業をあなたならどうしますか？
- 私が、次はどうすると思いますか？
- 私が、何故その活動を計画したと思いますか？
- あの活動および授業のねらいは何だったと思いますか？

生徒たちは、この活動をとても楽しみます。この活動は、教師が考えていることに対して生徒たちがどのように思っているのかということも教えてくれます。さらに、これは様々な問題行動を是正する効果的な方法でもあります。

フィードバックを提供する

口頭か書面かにかかわらず、フィードバックは生徒たちの学び（たとえば、下記のような）を促進する極めて重要な要素です。
- さらなる思考を助ける。
- 考える際にほかの方法を提供する。
- 必要なところに焦点を当てるようにする。
- 課題に興味をもたせ続ける。
- 生徒に動機を与える。

フィードバックは多様な関係で提供しあうことができます。

● 教師と子ども
● 子どもと子ども
● 親と子ども
● 教師と親
● 親と子どもと教師

　上の各関係では、最初に書かれたほうがフィードバックを提供する側ですが、活動のねらいと必要なフィードバック次第ではこの関係は反対にもなり得ます。

　フィードバックは、頻繁に、しかも誠実に行われるべきです（第6章を参照。特に、126〜129ページ）。フィードバックの効果を上げるためには、ある出来事があったすぐあとにするのが望ましいです。同時に、次のことを踏まえる必要があります。

● 脅威的でない
● 正直
● あったことに関連していること
● 励みになる
● 肯定的
● 思考の刺激になる
● 考える材料を伴った建設的なもの

質問をすることは生徒のためだけではありません

　もし、それぞれの教師が、同僚たちと学年や教科で計画したり、ティーム・ティーチングをしたり、あるいは同僚同士の学習サークルなどで効果的に仕事をしたいのであれば、適切に質問したり、フィードバックしたりするためのスキルは教師にとっても大切となります。生徒たちにこれらのスキルを身につけるように奨励するだけでなく、クラス内における教師と生徒の関係を超えて、これらのスキルを身につける必要も教師にはあるわけです。

以下で紹介するのは、授業をモニターし、教師の振り返りとメタ認知能力を磨くための鍵となる質問です。

計画する際の助けになる質問

①このテーマは適切か？

②私が生徒たちに身につけてもらいたい知識と技能は何か？

③生徒たちにテーマについて発見してもらうのを助けるにはどのように計画したらよいか？

④どのような教材が必要か？

⑤学びの体験をどのように組み立てたらいいか？

⑥生徒たちをどのように評価し、授業をどのように評価したらいいか？

自己評価の助けになる質問

①生徒たちが学ぶのを私はどのように助けられたか？

②それぞれの生徒の長所と短所をもっと知ることができたか？

③それぞれの生徒と個人的にかかわりをもったか？

④私のフィードバックは適切だったか？

振り返り

　質問されたとき、私は答えを考えるための十分な時間がほしいです。私は、多項選択式の質問が好きです。私が他の人に質問するときは、はっきりした答えと道理にかなった答えを期待します。私は、答えを書くのはあまり好きではありません。考えていることは書くよりも言ったほうが簡単なので、私は言うほうが好きです。

第6章 ジャーナル

振り返りは書くときの助けになるので大切だし、その逆に書くことは振り返りの助けになるので大切である。

(Scardamalia et al. 1989, p.102)

ジャーナルとは何か？

　ジャーナルは、生徒が自分の学びの過程や内容について、個人的な反応、疑問、気持ち、考え、知識などを記録するノートです。日々の活動を記録する日記でも、情報や勉強したことを記録する教科書用のノートでもありません。ジャーナルの項目は、学びの経験や活動を単に詳しく物語ったり説明するのではなく、**生徒たちに自分の学びを確認したり、分析したり、振り返ったりする**ことなどが含まれます。

　ジャーナルは、生徒の学習と学習環境を振り返ることと分析することの両方を伴ったものです。教師が判断したときにすることもありますし、生徒が自分自身で必要性を感じて書くときもあります。一日のうちに何回か使うこともありますし、1週間に1回しか使わないこともあります。

　自分の学びを振り返り、それをジャーナルに記録することで、生徒たちは学びの

経験の中で使ったプロセスについて確認することができます。ジャーナルは、以下のようなことを問いかけながら、生徒たちがより主体的な学習者になるのを助けてくれます。

● 自分たちが理解していることは何か？
● 課題のねらいは何か？
● 学びの効果はどうか？
● 使った方法は効果的か？

何故、ジャーナルを使うのか？

　生徒たちがした学習体験を自分の言葉にすることでより意味をもつようになり、より確実に自分のものにすることができます。これは、個人とグループの学びの両方を振り返ることを可能にします。この振り返りを通して、自分のことについて学び、そして分析や振り返りやメタ認知能力を身につけるのです。

ジャーナルは何のために使うのか？

・自分が知っていることを書く
・予想を書く
・学んだことについて考える
・質問をする
・情報を組み立てる

　ジャーナルを使うことは、生徒たちの振り返る能力を養うためにとても効果的です。なぜなら、生徒たちは書くことによって自分の学びの過程を考え、その結果、学び方を学ぶからです。また、ジャーナルは、生徒たちが学びを振り返るにあたって助けとなるとてもよい方法です。生徒たちは、書くことでより良い主体的な学習者になります。

　そして、生徒たちがジャーナルを書くことは教師のためにもなります。教師は、

生徒たちが必要だと思っていることや、長所や抱えている困難な点などについて読むことができ、それに対して適切に対処できるからです。それぞれの生徒の思考の過程について貴重な情報が得られますし、彼らが書いたことをデータとして用い、自分の教え方がもたらす効果を評価することもできます。ジャーナルは、ほかの評価の方法では手に入らない生徒たちの学びについての情報を提供してくれるので、その後の教え方や学び方をより適切に計画することができるようになります。

ジャーナルを使う人をサポートする

生徒たちが初めてジャーナルを書くときは非常に困難を伴うと思われるので、振り返りと分析の仕方の要領をつかむまではサポートしてあげる必要があります。生徒たちを助ける方法には幾つかあります。

(1) 鍵となる質問か焦点を提供する
生徒たちが自分の考えをはっきりさせ、書くことによる振り返りを助けるために、教師は質問を投げかけることができます。

❶生徒たちの反応を要求する学習の特定の側面についてか、あるいはある教科の特定の部分についての質問をします。これらの質問は、教師がつくってもよいし、生徒たちがグループでつくってもよいし、クラス全体でもつくれます（詳しくは第5章を参照）。

❷生徒たちが使いたいと思える質問をブレーン・ストーミングで出します。ブレーン・ストーミングは、次のような異なる方法ですることができます。

- 「肩車」ブレーン・ストーミング——これは、クラス全体か小グループでの活動としてできます。生徒たちが概念やアイディアや言葉を言い、それらをみんなが見えるように記録していきます。出されたアイディアや言葉から思いつく、新しい、より創造的なアイディアをつくり出すのがポイントです。
- 「雪だるま」ブレーン・ストーミング——まずは、各自が概念やアイディアや言葉をリストアップします。そのあとで2人一組になり、お互いのアイディアを紹介しあったうえで、2人のアイディアを組み合わせて新しいリスト

をつくります。さらに、二つのペア同士が一緒になって4人で同じことをします。グループの人数は変えることができますが、同じようなことをクラス全員のリストができるまで続けます。

質問をする方法はたくさんある

私は……だと思うんだけど？

もし……だったら？

どうして……？

何故……？

……できるか？

……したか？

思考について考えるのを助ける質問

……について何を学んだか？

あなたが学ぶのを助けたのは何か？

……について自分の学びを改善するにはどうしたらいいのか？

……について難しい、あるいは簡単だと思ったことは何か？

……について簡単、あるいは難しいと思ったのは何故か？

---

(2) 書いて、振り返ることをモデルで示す

　振り返りの機能、振り返りの仕方、そしてジャーナルにこれらの振り返りを記録するたくさんの方法について、生徒たちに対してモデルで示すことはとても大切なことです。モデルで示すことによって、単に起こったことを記録することと、起こったことの結果やねらい、またそれが自分の学びとどう関係するのかといったことについて計画的に考えることの違いが理解できるようになります。

　モデルで示すということは、学んだことや教えたことについて生徒たちに話したり、実際に書いたりすることを意味します。それは、効果的な振り返りはどのように行うか、そしてその結果を記録するにはどうしたらよいかを実際に行ってみせることです。

　書いて振り返ることは、生徒全員に見える OHP や黒板、模造紙を使ってすることができます。文章を書くときは、教師は自分との対話を声に出すことも忘れてはなりません。そうすることによって、振り返りの大切な点を強調することができます。何を強調したいかは、生徒の成長段階や扱う内容によって当然異なります。たとえば、次のようなものが考えられます。

❶新しく学んだ知識とすでにもっている体験を関連づける

❷気持ちを表現する

❸質問をする

❹情報をまとめる

❺自己評価する

❻将来に向けて計画する

❼仮説を立てる

(3) 課題を出す

　ときには教師は、生徒たちが振り返りを記録する際に特定の様式を使って、あるいは学習したことのある側面に限定して振り返ってもらいたい場合が出てきます。こうした場合は、生徒たちに多様な分析の方法や、自分の考えを振り返ったり記録する様々な方法を提供することになります。

(4) 生徒たちと一緒につくる振り返りジャーナル

　生徒たちと一緒に「クラスの振り返りジャーナル」をつくることは、生徒たちが個別に書くジャーナルで実際に使える様々な方法や書く際の決まりなどを示すのに効果的です。これは、教師の計画にそって何回でも行うことができます。

　よく使われるのは、1日の最後の数分間でその日にしたことについて話し合い、そのあとに一つに絞り込んで書いてもらう方法です。なお、各自が自分のジャーナルに書く代わりに、各自の振り返りを模造紙に記録することによって「クラスの振り返りジャーナル」をつくることもできます。

ジャーナルの種類

　異なるねらいのために、違ったタイプのジャーナルが幾つもあります。

(1) 個人のジャーナル

　これは、学習へのあらゆる反応や振り返りを書き込むもので、すべての教科・領

122　パート *2*　振り返りとメタ認知能力を磨くための方法

域で使えるものです。事前に生徒たちの発表を義務づけたときにのみ、書いたこと
を紹介しあいます。

(2) 複式ジャーナル

　このジャーナルは二つの目的をもっています。内容や方法を記録する従来のノー
トに近い機能と、自分の学びに対する反応や関連や振り返りを記録することです。
ページは常に見開きで使います。左側には授業で学んだ事実や質問などを記入し、
右側には自分の振り返りを記入します（Loughlin Vaughn, 1990）。

(3) 交換ジャーナル

　このジャーナルは、2人以上の人が書いたものを交換しあうものです。使い方に
は幾つかの種類があります。

①**仲間同士の交換ジャーナル**──2人の生徒がジャーナルを通して、コミュニケー
　ションを図ります。決まった時間にクラス全員が自分のジャーナルに書きます。
　書き終わったら自分のパートナーとジャーナルを交換して今日の分のところを読
　み、それに対する反応を書きます。最初のころは生徒たちの反応も表面的なもの
　かもしれませんが、練習を重ねるごとに思慮深いものが書かれるようになります。

②**教師と生徒の交換ジャーナル**──教師からの反応を必要とする項目を幾つか含め
　たものです。生徒たちが自分の学びについての振り返りや質問を書き、それに対
　して教師は生徒のさらなる学びを助けるためにフィードバックをします。

(4) グループないしクラスジャーナル

　この種のジャーナルは、特定の活動への振り返りをグループないしクラス全体で
共有しあうために使われ、場合によってはグループでの評価を踏まえる場合もあり
ます。このためには模造紙が使われることが一般的ですが、通常のノートを使うこ
ともあります。

(5) 教科特定のジャーナル

　これは、特定の教科のためだけに記録されるものです。様式や記入する項目の種

類などは、教科ごとに特徴があります。

①**国語（文学）**——生徒たちに文学作品を探究する様々な方法を提示し、読んでいる途中ないし読み終わってから個人的な反応を書いてもらうために使われます。また、読む前あるいは読んでいる途中に内容を予想したり、反応を書いてもらうこともできます。このジャーナルを通して、生徒たちは読んでいる内容と方法について振り返ることが奨励されます。[★1]

②**算数**——これは、生徒たちに数学的な思考の探求を助けるために使われます。数学の手順や概念を確認するためや、学んでいることと使われている数学的な方法論との関係について説明してもらうために使われます。[★1]

ジャーナルを有効に活用する

　振り返りは創造的で自分の特徴を出せるようにしなければなりませんし、同じような反応を要求し続ける単調な作業にならないように教師は注意しなければなりません。また、生徒に振り返りのための時間を提供するだけでなく、その振り返りを行動に移す時間もつくらなければなりません。さらに、生徒たちが表明したニーズに反応するために、教師は生徒たちの考えを尊重していることも見せなければなりません。

　生徒たちがジャーナルを使いこなすようになるに従って、さらに多様な記録の仕方や様式を紹介し、生徒たちがジャーナルの価値を一層見いだせるようにしてあげることが大切です。記録の仕方は、ジャーナルを使うことが分析力などの思考力を使わずに生徒たちが機械的にする作業になってしまわないように、よく計画されていなければなりません。それは、以下のような方法で可能です。

●振り返ってもらう項目（テーマ）をいろいろ変える。

....

★1★リーディング・ワークショップ（読書家の時間）で使うノートは、ジャーナルよりも「読書家ノート」のほうが多いです。これは、ライティング・ワークショップ（作家の時間）において、子どもたちに「作家ノート」をもたせるという実践があまりにも成功したことで、読みの授業でも行われています。そして、これら読み・書きの授業での成功を、算数・数学（数学者ノート）、理科（科学者ノート）、社会科（生活、市民、歴史ノートなど）の名称で呼ばれる実践が行われており、これらをタイトルにした本までが発行されているぐらいです。

- ジャーナルを使うタイミングをいろいろ変える。
- フィードバックの仕方をいろいろ変える。
- 記録の仕方をいろいろ変える（たとえば、概念図、フローチャートなど）。

これらについては、以下で詳しく紹介します。

(1) ジャーナルの使い方

ジャーナルは、次のようなねらいのために使うことができます。

- 知識や活動を見直す。
- 自己認識を養うのを助ける。
- ほかの人に紹介したり、自分で使うための観察を記録する。
- すでに知っていることと、今学んだことを関連づける。
- 問題解決の機会を提供する。
- 記憶を助けるために情報を記録する。
- 学んだことや考えたことの振り返りをする。
- 結果を予測し、予想を確認したり、変更する。
- 情報を分析したり、組み立てたり、まとめたりする。
- 新しい概念や情報を探求する。
- 印象や考えやアイディアを明確にする。
- 自分のクラスのパフォーマンスを評価する。
- 出来事や学んだことを批判的、創造的に考える。
- 学習体験を広げるか、狭めて考える。
- 各自の学習体験を自分で計画する（たとえば、自分が知っていることは……、自分がしようと思っていることは……、自分が知りたいことは……、今しなければならないことは……）。
- 気持ちを共有する。
- 質問をしたり、質問に答えたりする。

第6章 ジャーナル 125

私の学びを妨げるものは？	私の学びを助けるものは？
―怠ける	―集中する
―集中しない	―考える
―ほかの人が言っていることを聞いている	―ほかの人と一緒に作業をする
―それが嫌いなとき	―聞く
―理解できないとき	―横道にそれない
―ごまかす	―十分な時間
―話し込んでしまう	―質問をする
―ほかのことを考える	―話し合う
―欲求不満になる	―自分がしていることを理解できるとき
―疲れているとき	

1991年3月6日

　分数や少数を小さいものから大きいものへ並べるのが、僕はよく分かりません。1000分の1が100分の1よりも小さいことを今日初めて知りました。

　自分の考え方が良くなっていることは、どうやって分かるのか？
　＊よりたくさんの質問に答えられる。
　＊よりたくさんの正解を得る。
　＊自分のしていることが分かっている。
　＊今していることをやり続けて一番先に終わる。
　＊先生が自分に注意を払ってくれる。
　＊より多くの単語が身につく。
　＊やっていることを楽しんでいる。

126　パート **2**　振り返りとメタ認知能力を磨くための方法

⑵ ジャーナルを使うタイミング

　生徒たちの振り返りとメタ認知能力を養い、最大限の学びの機会を提供するために、ジャーナルを使うタイミングはいろいろ変えたほうがよいでしょう。少なくとも、以下のような場面が考えられます。

- 体験する前
- 体験している間
- 体験した後
- 一日の中で決まった時間、たとえば一日の終わり
- 不定期に
- ある教科の一部として
- ゲームとして。たとえば、「本当の私はどれでしょう？」（48ページを参照）。

⑶ フィードバックの種類

　生徒たちが振り返りの能力を身につけようとするとき、フィードバックはとても重要になります。ジャーナルを使い始めた最初の時期は、口頭か書面でひんぱんにフィードバックを提供することが特に大切です。このフィードバックは、教師と生徒の両方にとって貴重な情報源になります。

　教師はフィードバックをすることによって、生徒の以下のような点を確かめることができます。

- 特定の課題に対する関心のレベル
- 特定の教科、テーマ、課題に対する姿勢
- フィードバックとして提供されたことを行動に移す柔軟性や適応力のレベル
- 教科、テーマ、学習体験の理解の度合い
- 新しい学習体験への準備の度合い
- テーマなどへの関心と楽しんでいるレベル
- 学習体験の内容やねらいについての誤解の度合い

　生徒たちは、フィードバックを以下のように使えます。

- さらなる学びと振り返りのためにアイディアを得ることができる。

第6章　ジャーナル　127

● 学びを自分のものにすることができる。
● 教師の専門的な意見を自分の問題解決に利用できる。
● 教師からはっきりした指導や期待を聞くことができる。

　以下に紹介するのは、異なる様々なフィードバックの形態です。

共有の時間——これは、小グループかクラス全体でやれます。生徒たちは、記入したことを紹介しあったうえで話し合います。共有するときには、焦点を絞ってもよいですし、発表者が言いたいことを言う方法もあります。ジャーナルを共有しあうことは、生徒同士が互いに教えあうことを促進します。
　教師は、この共有の時間を使って共通する点を見いだすと同時に、異なる点については模造紙に書き出して、生徒たちに多様な可能性を示すと同時に新しい方法を試してみるように促すきっかけにもできます。

パートナー・フィードバック——生徒たちは2人一組のペアになり、お互いのジャーナルを読んで、口頭か書面でフィードバックを行いあいます。このペアは、一定期間同じ組み合わせで行うことをおすすめします。というのは、ペアの間にある程度の信頼関係がないと書きにくい場合もあるからです。その意味では、最初は生徒たちに選ばせてペアをつくるのがよいかもしれません。慣れてきてから、任意のペアや能力混成のペアに変えていくとよいでしょう。最初に、生徒たちと一緒に「フィードバックを生かすためにはどうしたらよいか?」というテーマでアイディアを出しあうのもよいかもしれません。

グループ・フィードバック——生徒たちは、まず各人でジャーナルを書きます。そのあとで小グループになって互いのジャーナルを回し読みして一人のジャーナルを選び、それに対するフィードバックを口頭か書面で行います。それぞれのフィードバックを紹介しあいながら、グループとして合意のできるものにします(代わりに、クラスないしグループでした学習体験について最初から一緒に振り返り、今後扱う必要があると思える点についてフィードバックを行ってもよいでしょう)。グルー

プは、順番にそれぞれの振り返りとフィードバックを紹介しあいます。紹介しあうときに、お互いのフィードバックを評価するのに使えるチェックリストをみんなで事前につくっておくとよいでしょう。

個人のフィードバック——これは、各自がジャーナルに記入し終わったら、教師かほかの誰かにフィードバックを書いてもらうようにする方法です。しかしながら、すべての生徒が教師のフィードバックを欲しがると、教師にとっては大きな負担になってしまいます。ですから、事前にいつ、どのようにしてフィードバックをするかというガイドラインを決めておくとよいでしょう。というのも、ジャーナルは生徒がいつ使うか分かりませんので、できるだけ早く生徒に戻す必要があるからです。これは、以下のような方法でできると思います。

- 特定の日（たとえば金曜日）にジャーナルを回収するか、毎日決まった人数分を回収するようにしておく。
- 特定の教科のジャーナルを回収する（たとえば、算数についての振り返りを書いたあとに全員のジャーナルを回収する）。
- 特定の記入、ないしはねらいを達成したときに回収する（たとえば、概念図を描いたときに回収する）。
- 予約制にする（教師のフィードバックが欲しいときは、名簿に日付を書いてあらかじめ予約をする。その際、「７人以上は同じ日にできない」などの規則も決めておく）。

対話——この種の交換ジャーナルは、生徒たちが振り返りの色彩の濃い質問をします。それに教師が反応し、同時に関連する（さらに発展させる）質問をします。さらに、生徒たちはそれに反応し、質問もする、という形で続いていきます。このやり取りによって得られるものは両者にとって極めて大きなものがありますが、教師にとっての負担も大変なものとなります。そこで、生徒たちにパートナーを割り当てることで相互にジャーナルの交換をしてもらうのです。要領は、教師と交換ジャーナルをするときと同じです。

フィードバック・サークル──これは小グループ（1グループ6人まで）になって行います。目的は、メンバーの書いたことに反応したりニーズにこたえることです。具体的には、以下のような形で行えます。

- 一人の作品、作文、ジャーナルなどが紹介され、それについてほかのメンバーが順番に反応し、フィードバックをしていきます。その際、すでに言われたことは繰り返し言わないようにします。作品を紹介した人は、フィードバックしてもらいたい点を限定してもかまいません。
- 各メンバーは質問をつくって集まり、順番にそれらを紹介し、質問への答えやフィードバックをもらっていきます。

仲間とのカンファレンス[★2]──生徒たちはペアになって協議し、フィードバックしあいます。

⑷ ジャーナルへの様々な記入の仕方

記録の仕方は様々です。

- ・質問
- ・分類
- ・学習体験の前、間、後
- ・要約
- ・何の制約もない反応

- ・質疑応答の形
- ・説明
- ・ブレーン・ストーミング
- ・優先順位と計画

ジャーナルには、長い文章を書く必要はありません。そして、以下のようなものも含まれます。

★2★医療の世界で、医者を中心にいろいろな専門の人が集まり、患者にベストの治療を施すために「協議」することを教育にも応用しようと導入されたものです。教員同士が授業を改善するための「協議」、教師と親が子どもの学びをよりよくするための「協議」、教師と親と生徒三者の「協議」、教師と生徒の協議、そしてここで紹介している生徒同士の「協議」、あるいは地域の住民にも参加してもらう「協議」などいろいろな協議が可能であり、もっと生かされるべきです。

130　パート **2**　振り返りとメタ認知能力を磨くための方法

・概念図（第 7 章を参照）	・フローチャート
・絵やイラストを使って表す	・シンボル
・表	・調査
・図	・マンガ

ジャーナルは生徒のためだけではありません

　ジャーナルを書くことが生徒にとってとても有益であるように、ジャーナルを使うことは教師にとっても同じように有益です。個人的な振り返りを目的としたジャーナルは、教師に職場における自分の行動を記録し、振り返ることを可能にしてくれます。教師は、以下のような目的でジャーナルを使うことができます。

- 振り返りの視点で起こったことを記録できる。
- 体験を振り返る——この振り返りの機会はたくさん、かつ多様にあります。たとえば、体験について実際に書く前、書いている最中、あるいは書かれたものをしばらくしてから読んだときなどです。
- 体験の意味や見る視点や考えをはっきりさせる。
- 可能な選択肢や気持ち、行動や行動の影響などを自分の中で検討する。
- 自分の実践をさらによくするために適切な行動を選ぶ。

　ジャーナルの書き方は、記録が必要な情報や内容に応じて様々な形態があります。

・事実を詳しく	・分析的に
・説明的な文章で	・深く探求する形で
・創造的に	・質問形式で

　実際に書かれたものは、以下のような形で活用できます。

- 授業や教材について評価する。

第6章　ジャーナル　131

- 今後の計画や方向性を決める。
- 全体の一部分について考えるために、起こったことを分析する。
- 自分の資質を吟味したり、信じていることをはっきりさせたり、何を、何故、どのようにしているのかをモニターするための自己評価として活用する。

　ジャーナルを書くことで教師は、授業などで起こっていることのより良い観察者や好奇心の強い参加者になれるだけでなく、より集中した、そして目的のはっきりした教師になれます。(Holly, 1984)[★3]

振り返り

　ジャーナルはとても良いと思います。何故なら、自分が何を考えているかを書けるからです。何をすればよくできるのかが分かります。もちろん、何について学ぶ必要があるのかもです。先生や友達に質問もできます。先生に対して自分が考えていることを書けます。

ローラ

★3★この実践例として、共著者の一人が第1章の後半で紹介してくれているジャーナルが参考になります。

132 パート *2* 振り返りとメタ認知能力を磨くための方法

第 *7* 章　概念図

暗記を中心にした学習方法と比較して、概念図を用いると複数の正解が
可能になる。

(Ault, 1985, p.38)

概念図とは何か？

　概念図は、「ウェブ（クモの巣図）」、「連鎖図」、「マインド・マップ（思考の地図）」、
「図で表したまとめ」などとも呼ばれており、様々な概念同士の関係について学習
者が知っていることを表す一つの方法です。これによって、すでに知っていること、
知らないこと、誤解されていることなどを表すことができます。

　概念図は、すべての年齢の生徒たちに教えることができ、考えを組み立てたり、
表現したりする子どもたちの能力を高めることが証明されています。この方法は、
すべての教科・領域で使うことができ、一つの教科で身につけたスキルはほかの教
科でも生かされます。

　この方法は、特に理科、社会、国語の授業で頻繁に使われています。最近では、
読解力を高める方法としても注目を集めています。この方法は、読んでいるテーマ

に関連した既存の知識を活性化したり、復活させたりするのに効果的です。さらに、概念図は動機づけや生徒があるテーマについて知っていることを明らかにする診断的なツールとしても使え、答えが一つでない開放的な思考や振り返りには特に効果があります。

　１年の間で異なる時期に使うことによって、同じテーマについての発達をモニターすることもできます。たとえば、単元の初めの時点で概念図を描かせることによって、すでに生徒たちがもっている知識を把握することができます。同じことを単元の終わりの段階でしてみることによって、知識、概念、姿勢などの面でどのような変化が起こったかを確認することができるのです。生徒たちに、図を使ってテーマについて学んだことを文章にまとめるように言ってもよいでしょう。以下の図とまとめの文章は、６年生によって書かれたものです。

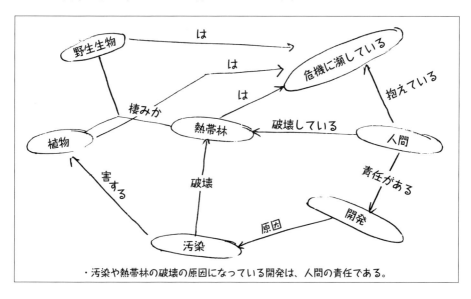

　図をつくる活動や図からまとめの文章を考えることを生徒たちが難しいという場合は、テーマに対する理解が不足しているか、図をつくるための練習が不足しています。過程を観察することによって、教え方の改善が必要かどうかを知ることができるでしょう。

図をつくるときの手順

　生徒たちが概念図を知らない場合は、見本となる概念図を見せるか、実際に一緒につくってみるとよいでしょう。以下で紹介するのは、概念図のつくり方を生徒たちに紹介する一つの方法です。

1. **アイディアを一緒にブレーン・ストーミングする。**
　　教師が質問します。たとえば、私が「木」と言ったときに何を思い浮かべますか？（ヒント──出された言葉を小さな紙に書いておくと、あとで容易に配置を変えることができます）

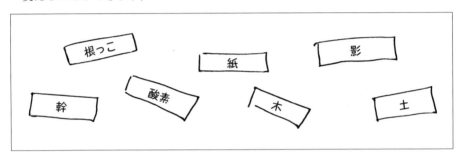

　　代わりに、あらかじめ言葉を用意して、生徒たちに配置だけを考えさせることもできます。しかし、当然ながら、後者の方法は前者ほど効果的ではありません。何故なら、生徒たちが何をすでに知っているかが把握できなくなりますから。しかし、図をつくるという練習だけを考えれば十分でしょう。

2. **言葉を分類するように生徒たちに言う。**
　　一つの言葉は１回かぎりしか使えません（このことは、配置をとても難しくします）。教師が次のように質問するとよいでしょう。
　　「どの言葉は一緒にあったほうがよいですか？」（ヒント──たいてい、最も重要な言葉を真ん中か真ん中の一番上に置きます。それが図を組み立てるときの最初のステップです。概念は、一般的なものから具体的なものに広がっていきます）。

第 7 章 概念図　135

4年生の生徒が分類して見出しをつけたものです。

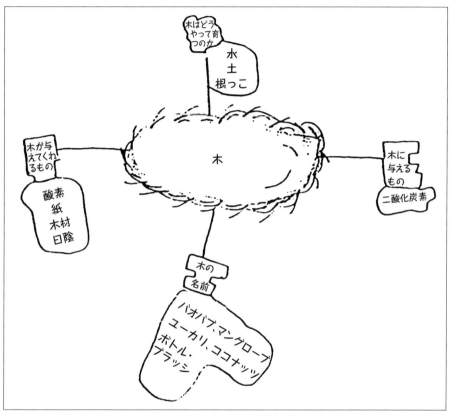

3. 関連を矢印や線で結ぶ。

　これこそが概念図の特長で、図を描く人に言葉同士の関連をはっきりさせます。（矢印なしの）線は、どのようにも解釈できてしまいます。矢印を使うときは、その方向を考えて、そして関係を表す言葉を書き入れてください（133 ページの熱帯林の図を参照）。教師は次のように質問すればよいでしょう。
「これらのつながりは、どのように名づければよいですか？」

136　パート **2**　振り返りとメタ認知能力を磨くための方法

4. 言葉同士の関係を表す言葉は何回でも使える（低学年では、あえて使わなくてもかまわない）。

以下のような関係を表す言葉は頻繁に使われます。

・必要	・へ	・できる	・かもしれない
・助ける	・与える	・と共に	・である
・影響する	・必要	・原因	・もっている
・つくり出す	・含む	・〜するために	・は

関係を表す言葉の種類と数は、図を描く人のテーマに対する理解の度合いを表しています。これが一番難しい部分ですが、同時にテーマが混乱している箇所も教えてくれます。

まとめ

❶関連する概念（思いつく言葉）をすべて出す。

❷概念（言葉）を分類する。

❸分類したものに名前をつけ、相互に結びつける。

教え方の手順

1. 教師が簡単な図をつくってみせる。たとえば、家族。

教師が発する「それは何ですか？　それはどういう意味ですか？」などの質問は、概念図をつくるときのきっかけになります。以下の三つの概念図が、その可能性の一端を示してくれています。

第 7 章 概念図

「家族」をテーマにした異なる概念図

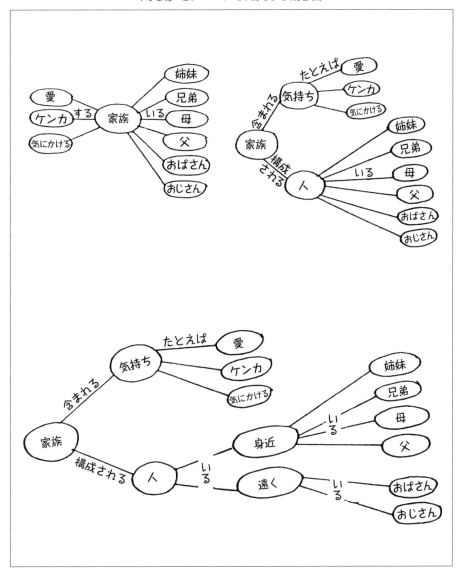

138　パート2　振り返りとメタ認知能力を磨くための方法

4年生の生徒が、自分でつくり出した数字のシステムを使って分類したものです。

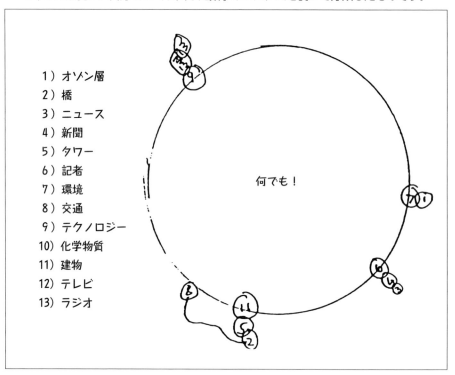

2. **生徒たちがクラスの概念図づくりに貢献する。**

　例えば、今授業で扱っているテーマについて連想する言葉を別々の紙に書き出す。

　教師の質問――「どの言葉が最も大切だと思いますか?」、「これらの言葉を分類するとどうなりますか?」

3. **クラスでつくり出した情報(2のステップ)から1人で、あるいはグループないしクラス全体で概念図をつくる。**

　最初は、あまりたくさんの言葉は使わないほうがよいでしょう。特に、低学年の場合は六つぐらいまででやってみましょう。

4. 生徒たちは、自分のつくり出した言葉とその分野についての自分の理解を基礎にして概念図をつくる。

　この段階で、生徒たちは自分が体験から学んだことの意味を表すことができます。

これは、4年生の生徒が単元を始める前に、そしてそれぞれの関連について教わる前に、描いた概念図です。

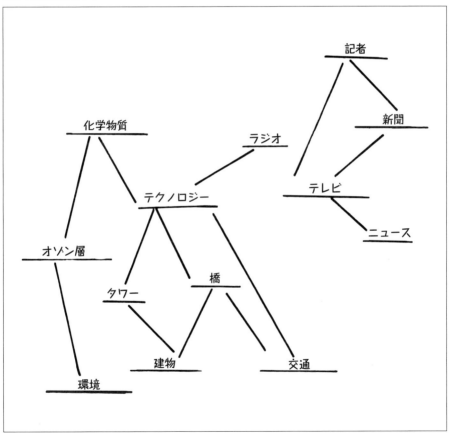

5. 概念図を練習する。

最初は、生徒たちは練習するのに気が進まないように見えますが、経験を積むことで、自信やかかわり具合、そして楽しみまでもが急激に増します。

6. 生徒たちは自分たちの概念図を振り返る。

自分たちの概念図の正当性を主張し、自分たちの理解を評価するために、つくった過程を言葉に表すか記録に残すようにします。

概念図は、概念同士の関係を一人ひとりが自分の頭の中でつくり出す極めて個人的な行為ですが、仲間同士で話し合うことによって、各自の理解をはっきりさせたり、押し広げたりするのに役立ちます。こうした共有しあう時間を、概念図をつくるいろいろな段階で設けるとよいでしょう。また、概念についての考えが違うときは、共有しあうことが難しくなることも踏まえておいたほうがよいでしょう。

様々な図の描き方

知識を図で表す方法はたくさんあります。生徒たちは、これらを教えられる前に自分で「発明」してしまうこともよくあります。しかしながら、教師として特定の図を教えたいと思うこともあるでしょう。幾つかは、扱う内容により適切なものがあります。たとえば、表にして比較する方法は、文学を勉強しているときに登場人物について掘り下げる際に効果的です。

以下に紹介する九つの図はその多様性を示してくれていますが、同時に様々な教科・領域で使えることも証明してくれています。

第7章 概念図　141

1. フロー・チャート

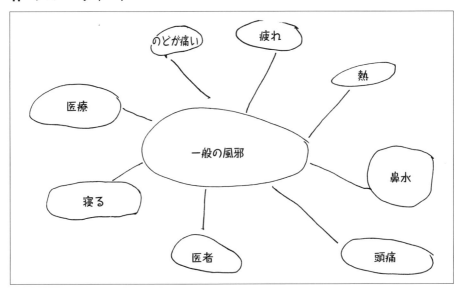

2. ベン図

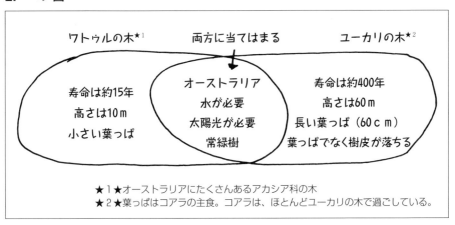

3. 「原因と結果」図

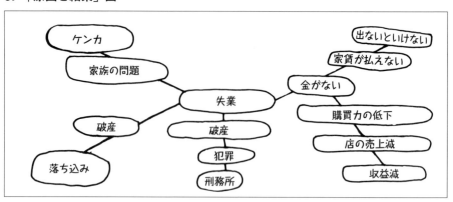

4. 車輪図

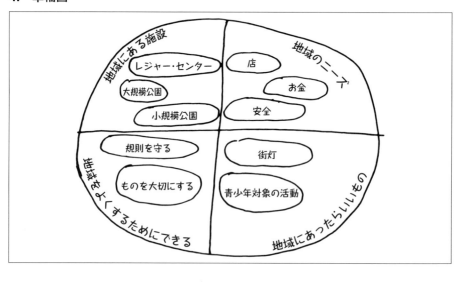

5. 鎖図

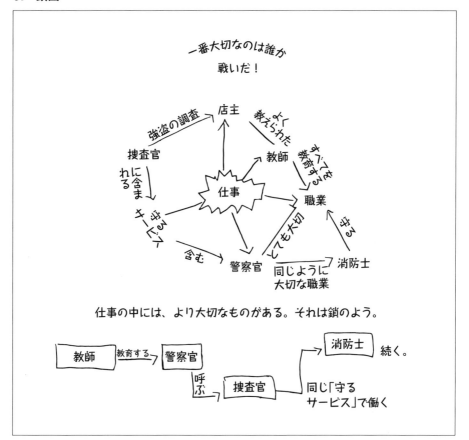

6. パイ図

私は、医者が最も大切な仕事だと思います。
医者なしでは長生きできないからです。

7. 階層図

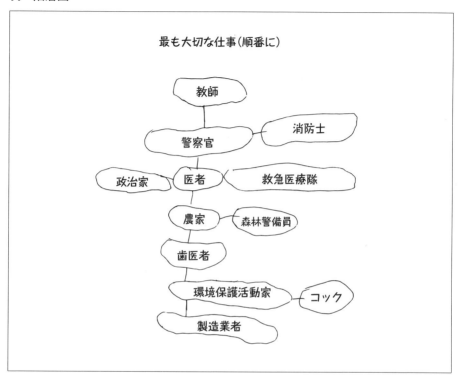

8. クモの巣図

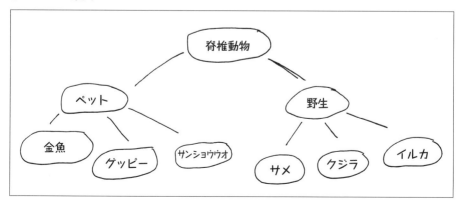

9. サークル図

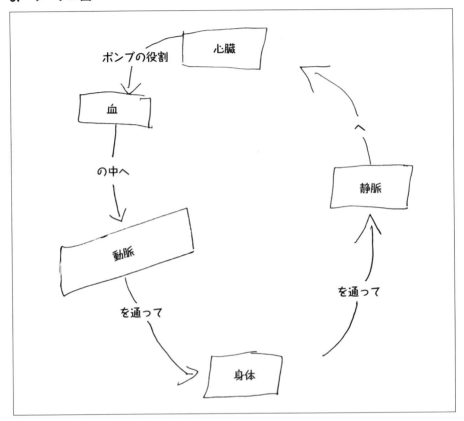

概念図は生徒のためだけではありません

　概念図は、すべての教科・領域で使えるだけでなく、（教師を含めた）学習者に自分の学びをつくり出したり、整理統合したり、促進したり、見直したり、評価するのを可能にしてくれるので、振り返るときのとても効果的な方法です。

　学びを助けてくれるだけでなく、概念図は教師が計画したり、評価するときも助けになります。単元を準備する段階では、テーマを一緒にブレーン・ストーミングすることができます。これは焦点をはっきりさせてくれ、テーマの異なる側面の関係も明らかにしてくれます。さらに、見せ掛けの活動を避けることにも役立ちます。

以下で紹介する概念図は、地域の草原の公園地帯を扱うときに教師が重要だと思った点を示しています。これは、教師が生徒たちに理解して欲しいものを決めるときの基礎資料として使われました。最終的に設定したねらいは以下のようなものでした。
- 人々が草原の公園地帯を破壊している。
- もし、公園を守りたいなら人々は態度を変える必要がある。
- ゴミ箱を設置するために、人々は行政に影響を与えることができる。

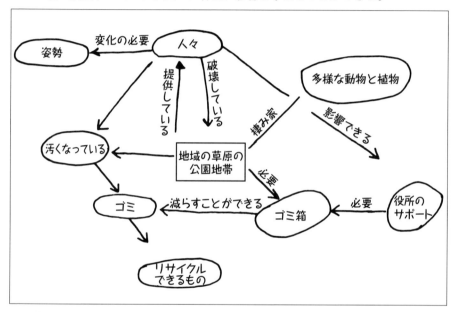

　生徒たちが概念図に表した情報は、彼女らの理解の変化を具体的な形で提供してくれます。この情報を生徒たちは自己評価に使えますし、教師は成績をつける際に使うこともできます。テーマについて、生徒たちの理解の変化がどれだけあったか考えてみてください。自分たちが学んだことを、概念図以外の振り返りの方法である自己評価（第8章を参照）やジャーナルなども使って、生徒たちに振り返ってもらってください。願わくは、最初に計画したこととのつながりを見つけられるとよいでしょう。概念図はさらなる体験を計画するときの判断材料としても使えますし、教師と親の二者面談のときに生徒の学びを裏づける資料も提供してくれます。

148 　パート **2**　振り返りとメタ認知能力を磨くための方法

> 振り返り
> 　キーワードについてよく考えなければならないので、概念図はとてもよいと思います。難しいのは、いくつかの大切な言葉をひとくくりにするところです。

第8章 自己評価

学習者が自分の学びに対してより分析的になり、振り返れ、学びをコントロールする自分自身の役割を認識できたとき、自らの学びは改善できるようになる。

(Ministry of Education, 1989, p.14)

　教える際の重きの置き方が思考力や態度も踏まえた教え方に変化するに従って、伝統的な評価の仕方も十分ではなくなってきています。生徒の責任こそが、振り返りとメタ認知能力を身につけるときの鍵であるのと同じように、評価に生徒がかかわることは自分たちの学びにかかわる際の不可欠な要素ととらえられるようになっています。

　ある期間を通して集められた様々な情報は、一人ひとりの生徒の成長の全体像を提供してくれます。この章では、生徒たちがその全体像をもてるようになるために、自分の学びについて多様な視点が得られる方法を模索します。

評価と評定の関係をはっきりさせる

　評価と評定は、教育の過程に欠かせない部分であると同時に、深く関連している

部分です。評価は、学習活動についての情報を集めたり、分析したりする過程に与えられる言葉です。したがって、評価はカリキュラムやその目標を反映したものでなければなりません。何を評価するのか、どう評価するのかは、目標によって決まるからです。評価には三つのねらいがあります。

❶生徒たち、親たち、教師たちにフィードバックを提供する。
❷生徒の学びをサポートする。
❸授業等の改善計画を立てる際の材料を提供してくれる。

評定は評価で集められた情報を使って判断を下すので、評価に基づいています[★1]。

生徒を巻き込む

もし、**生徒たちが学習計画や評定にまでかかわるとなると、評価は一層意味のあるものになります**。そして、実際に生徒たちが評価の過程にかかわることは私たち教師が生徒たちの学びを真剣にとらえていることを示すことになります。通常は、教師が生徒たちに何を学んでほしいかを決めますが、いろいろな場面で交渉したり、評価の過程に参加したりと、生徒たちがかかわることはできます（第4章を参照）。たとえば、何について知りたいのか、どのように進めたいのか、誰と作業をしたいのか、発見したことをどのように発表したいのか、そしてどのように自分たちを評価したいのかなどを生徒たちに決めさせることは可能です。

生徒たちはまた、テーマについての自分の知識が洗練されていく過程を振り返ることが奨励されます（頭の中、口頭、書面で）。その際、以下のような質問が助けになるでしょう。

●何を発見しましたか？
●自分（たち）の質問への答えは見つけましたか？
●ほかの質問を見つけ、それらにも答えましたか？
●どのような方法を使いましたか？　それは適切でしたか、もしくは助けになりましたか？

第8章 自己評価 151

● ○○について、よくできたと思いますか？
● ○○について、さらに改善できると思いますか？
● ○○について、まだする必要があると思いますか？

　教師は、このリストやほかの質問を紹介して、生徒たちに考えさせることができます。繰り返し行うことで、生徒たちはそのような質問を自分のものにすることができるでしょう。さらには、そのときの活動により相応しい自分の質問をつくり出せるようになるかもしれません。
　振り返りを価値のあるものにするためには、生徒と教師は目標とそれを達成するために必要なものについて明確にしなければなりません。これらをはっきりと述べて、生徒たちが見えるように模造紙に書いたり、各自の計画を記したジャーナルなどに記録しておくことが大切です。

　生徒たちを評価にかかわらせる具体的な方法は以下の通りです。
● 評価できる目標を設定するためのブレーン・ストーミングに生徒たちをかかわらせる（クラスレベルで、個人レベルで）。
● 生徒たちに評価の仕方を選ばせる。
● 一回一回の授業のあとに、生徒たちに「学んだことは何ですか？　今もっている質問は何ですか？　これらの質問を答えるにはどうしたらいいですか？」などの質問をする──これらの質問は一人ひとりに聞けますし、グループないしクラス全体に対しても聞けます。反応は口頭か書面でしてもらいます。
● 生徒たちをペアにして、お互いに観察しあうようにする──特定のスキル（たとえば、グループへの貢献、自分で修正する方法の活用、決定したことに根拠を示せる能力など）について観察しあいます。こうして、身につけさせたい能力や方法を強調することによって、生徒たちは徐々に自分のことをモニターできるようになります。

★1★ここでは「Assessment」を「評価」と訳し、「Evaluation」を「評定（ないし成績でもいい）」と訳しました。いずれにしても、それではどうも上の①のねらいしか果たさないのです。日本では、②や③に該当する言葉はないのでしょうか？　もしもないなら、それは大きな問題です。どうしてそんなことが長年許されてきてしまったのでしょうか？

152 パート2 振り返りとメタ認知能力を磨くための方法

自分たちがどのように作業できたか互いに報告し合っている生徒たち。

- 自分のポートフォリオ（ないしファイル）に、自分の作品（成果物）の中から選んで入れるように生徒たちに言う——生徒たちには、それに日付をつけて、しっかりファイリングする責任があります。
- 生徒の成長について話し合うためのポートフォリオを使ったカンファレンス（129ページおよび168～170ページ）を実施する。
- 学期の終わりに、特定のテーマやフィールドワークなどの、学習体験の良し悪しについて生徒たちに評価してもらう。
- 質問に答える生徒の選び方など、教師の行動をモニターしてくれる生徒を選ぶ。
  「女の子よりも男の子を指しているのか？」
  「声を発して自分を指すようにしむけている生徒を指してしまっていないか？」
- 生徒たちに身につけてほしいスキルのリストを渡し、自分で記録をつけるように言う——より効果的な方法は、スキルのリストを生徒たちに挙げさせることです。
- 生徒たちに、テストの質問や単元の最後にするまとめの活動を出してもらえるよ

うに言う——最初のうちは、単に思い出すレベルの質問しか出せないかもしれません が、モデルを示すことで、高いレベルの思考力を必要とする質問を考え出すことができるようになります。

以下のテストのための質問は、「変わりゆくメルボルン」という単元のために6年生が考え出したものです。

❶ヤラ川が小さくなった理由を二つ言ってください。

❷あなたは、今後ヤラ川が大きくなることはあると思いますか？

❸何故、白人たちは土地を開墾したのですか？

❹1855年12月に、メルボルンで最初の白人の子どもが生まれました。彼の名前はジョンでしたが、姓はなんと言ったでしょうか？

❺最初の子どもは、鍛冶屋、強盗、農家のうちどこに生まれましたか？

❻何故、強盗たちはセイント・キルダ通りを通る人たちをいつも狙ったのですか？[★2]

自己評価とグループ評価

自己評価とグループ評価は、評価の過程に生徒たちをかかわらせることのさらに別の要素を加えてくれます。それは、自分とほかのグループのメンバーの動きや作

★2★ これらは、メルボルンについて学んだ生徒たちが面白いと思ったことを質問にしたものです。また、それらは、ブルームの思考の6段階でいえば低いレベルのものばかりです。当然のことながら、生徒たちがつくり出した質問だけでテストをするわけではありません。思考段階の高いレベルの質問も含めて、単元のねらいを達成するための質問を生徒たちの質問とあわせてするのが教師の役割です。

ちなみにヤラ川は、東京でいえば隅田川のような存在です。周辺にはもっと緑が多いですが、川は日本と同じように埋め立てられたり、昔東京にまで流れ込んでいた利根川を今のように流れを変えたりして川は小さくなったらしいです。

また、乾燥化（砂漠化）が進んで支流の幾つかは干上がってしまったり、ヤラ川の水を利用する人が増えたことなどで川が大きくなることはあり得ないそうです。

4番目の質問は、今、メルボルンがある所には何千年もの間、先住民であるアボリジニたちが住んでいて、当然のことながら子どもも生まれていたわけですが、白人の子どもが最初に生まれたのは1855年だったということに子どもたちは面白さを感じたようです。

最後に、セイント・キルダ通りは現在メルボルンのメイン・ストリートなのですが、1850年代にメルボルンの町が最初にできた当時のこの通りは、金鉱山に通じる主要な道だったそうです。ですから、金鉱山から帰る人たちを狙って、強盗たちが活躍した場所でもあったというわけです。

品、そして成長をより注意して吟味することを生徒たちに求めるからです。それはまた、目標を設定するための情報を提供し、個人の学びを改善するための動機づけにもなります。下に紹介する例では、6年生の生徒が自己評価し、その情報を使って自分の目標を設定しました。

算数。それは、毎日ある教科です。今、それを自分で評価しようと思います。

評価
　競争やテストの前にはよく集中でき、準備もできます。でも、競争している間は早くしようとして動揺してしまうので大変です。それでも、最後はすべてうまくいくので満足しています。時々簡単な問題を解けないことがあり、腹立たしいこともあります。でも、解ければ一番に終わります。でも、問題を解けないとダメです。

　こんなところです。算数は、それがあると大変ですが、ないと困ります。

私の目標
1．九九の競争で2分42秒を達成すること。私の最後の記録は2分43秒です。
2．大きな数字のかけ算も解けるようになること。

以下に紹介する手法は、自己評価にもグループ評価にも使えます。
- 「自分は意味をつかむために読んだか？　どれくらいよく聞けたか？」など特定のスキルについて、生徒たちに言ってもらうか書いてもらう。
- テーマについて知っていることをすべてリストアップしてもらう。

第8章 自己評価 155

算数について知っていること

名前　　ニコル

日　付	
92／5／3	少数や分数ができます。
92／6／12	九九が言えるようになりました。
92／6／17	引き算は問題なくできます。
92／6／29	少数や分数を小さい順に並べられます。
92／7／2	ローマ数字を知っています。

- 課題が終わった段階で、やり直しのチャンスを提供することを告げる。もう一度課題に取り組むとしたら、何を変えて行うかを聞く。この情報を使って目標設定をする。

- 自分の成長についてジャーナルで振り返るように言う。もし、教師が自分のジャーナルの内容を生徒たちと共有すると、生徒たちはジャーナルの振り返りを楽しむことでしょう（第6章を参照）。

- 事前に用意した様式を使って自己評価をする（巻末の**ワークシート6〜9**を参照）。

- （たとえば、**ワークシート6**のように）選択肢で選べるようにしてもよいし、「どれくらい思慮深い質問をすることができましたか？」という具合に自由に書ける形式でもよい。

- 経験を積むと、生徒たちは評価の基準を選べるようになる。以下で紹介するリストは、レポートを書く際の助けにするために6年生のグループ活動でつくられ、その後にクラス全体での話し合いを行ったもの。

英語（国語）の「書き」

スペリング（綴り）
　単語の数
　新しい単語の学び方
　単語のテスト
　綴りの知らない単語を書き出す方
　法

文法
　意味がわかる

句読点
　読点
　疑問符・感嘆符
　頭文字
　終止符

筆跡
　書き方
　きれいさ

様式
　日記や伝記など
　物語
　紹介文
　説明文
　手続きや方法の説明（レシピやゲ
　ームの仕方など）
　手紙
　書き方—構想、下書き、変更、
　　　　校正、出版

書くことに対する姿勢

英語（国語）の「読み」

どんな本を読んだことがあるか？
読むことに対する姿勢
静かに読めるか？
音読がどれくらいうまくできるか？
　流暢に読めるか？
　表情に表しながら読めるか？
　言葉を飛ばさないか？
　読み上げる時に緊張しないか？
　正しい文法を使えるか？

ほかの人が音読しているとき、よく
聞けるか？
自分が読んでいることを理解できる
か？
自分で静かに読んだり、ほかの人が
読んでいるのを聞くのが好きか？
本の選択の規準：
　易しすぎる本を選ばないか？
　自分の年齢には難しすぎないか？
　自分のレベルにあった本か？

英語（国語）の「話す」	
文法	話を計画する
表現	反応
スピーチ	共有
マナー	グループでの話し合い
緊張	討論
理解	自信
聞く	語って聞かせる―記憶を使って
目線を合わせる	話し合いや討論への参加（貢献）

算数	
理解	計算
姿勢	かけ算
自信	わり算
分数	足し算
常分数	引き算
分子	式
分母	
少数	測定
	周辺の長さ
問題解決	容積
相違	面積
ブレーン・ストーミング	お金
試す	時間
アイディアを統合する	長さ
話す	
確認する	幾何
説明する	形
予測する	角度

158　パート *2*　振り返りとメタ認知能力を磨くための方法

教科を統合した学習

プロジェクト	日記
質	量
努力	質
情報	スペル
発表	校正
算数	
	ノートをとる
発表	ビデオ
枠	ラジオ
見出し	本
レイアウト	キーワード
きれいさ	
下書き	**フィールド・トリップの結果を記録する**
作業の計画	絵や図やモデルをつくる
レポート	概念
ジャーナル	地図
宿題	レポート
締め切りが守れたか	
	専門家に聞く
	情報の量
	情報の質

●自己評価のスキルを使って通知表を書く（教師か、生徒が書く）——これは、教師と親の面談の際の価値ある情報を提供します。しかし、その際には、事前に教師と生徒のカンファレンスを行い、合意を得ておく必要があります。以下に紹介するのは、６年生と３年生によって書かれた通知表の一部です。生徒は誰もが自己評価とグループ評価に参加でき、ここで紹介してきた様々な方法は、あらゆる年齢の生徒にそのまま使ったり若干応用して使うことができます。

国語

手書き―ダニエル（６年生）が書く気になったときはきれいに書けます。
スペル―ダニエルのスペルはいいです。
ドラマ―ダニエルはドラマはまあまあです。
聞く　―いいですが、面白いことについてだけです。
読み　―ダニエルはあまり本を読みませんが、面白い本をたまに読みます。

算数

ダニエルの算数は改善が必要です。特に、６，７，８，９，12の桁について。分数は大丈夫ですがサポートは必要です。計算は４年生のレベルです。位取りはもっと頑張る必要があります。ダニエルの問題解決能力も改善の余地があります。

体育・図工・音楽

ダニエルはとても健康的です。体育の授業はいうことなく、学校のスポーツに参加することも好きです。

体育	よくできている	頑張る必要がある	図工	よくできている	頑張る必要がある	音楽	よくできている	頑張る必要がある
ボールの扱い	✓		油絵・水彩画	✓		歌	✓	
体操／ダンス		✓	スケッチ	✓		鑑賞	✓	
陸上	✓		織物	✓		演奏	✓	
水泳	✓		工作	✓		動作	✓	
競技のスキル	✓		彫刻			作曲	✓	
			ダニエルはまだ彫刻をしていません。					

全体のコメント

ダニエルは、今年はまあまあでした。少し話しすぎることがあります。来年は、もっとよくなるでしょう。期待しています。

担任　　　　　　　　　　　校長
　　　　　　　　　　　　　コーディネーター

ティハーン

統合学習——学期の最初は、プロジェクトについて理解していませんでした。前にいた学校では、1年に一つのプロジェクトしかしなかったからです。でも、今は1学期に一つのプロジェクトをしなければならず、とても大変です。自分のやる気を常にベストの状態に保つことは難しく、落としてしまうことがしばしばあります。でも、自分はなんとかやれると思うんですが、前にも書いたように楽ではありません。私の発表と手書きのスキルは低いので、自然にできるように練習しなければなりません。そうすれば、うまくなると思います。今学期は、これらについて学べればよいと思っています。

読み——私は本の虫で、いつも本ばかり読んでいます。私の好きなタイプの本はファンタジーですが、伝記もたくさん読んでいます。情報を満載した本も読んでいます。最近は、『ナルニア国ものがたり』[2]（全7巻）と「闇の戦いシリーズ」[3]（全5巻）を読みました。

★2★C・S・ルイス（1898〜1963年）が、人間の世界とはまったく異なる空想上の国ナルニアの誕生から滅亡までを描いたファンタジー。全巻岩波少年文庫から出ている。
★3★「闇の戦いシリーズ」は、スーザン・クーパー著のアーサー王伝説を下敷きにした、光と闇の攻防を描いたファンタジー。評論社と学習研究社から邦訳書が出版されている。

﹦SPORT。スポーツ

今年の初めは、スポーツに対してよい印象をもって始められました。でも、時が経つにつれてとても退屈になりました。私は体育が必要な職業に就くことはまったく考えていないので、それをすることの意味が感じられなかったのです。

　でも、体育は自分にとって必要ないという姿勢でいると、すべてが悪い方向にいってしまうことにも気がつきました。それで、自分が体育をしたらよい理由をいろいろ考えたり、自分が得意なことでさらにうまくなりたいと思っているところを考えたりしました。そうするうちにまたスポーツが好きになり始め、今でもスポーツに対してよい印象をもっています。

低学年の生徒たち対してはどうしたらよいか？

　評価は常に書かないといけないというものではありません。低学年の生徒たちが好きな「おしゃべり」を利用すればよいでしょう。

- 生徒たちの言うことをよく聞くか質問に対する答えをテープに録音して、それを書き出して将来の参考にする。その際、インタビューをする人やテープおこしをしてもらう人として、親や高学年の生徒たちを活用する。
- たとえば、「今日は、グループでどのように活動ができましたか？」という質問に対して、感想を図柄で表現してもらう。そのときは、グループで自分たちのマークを決める。

- 低学年の生徒たちは幅のある答え方を好むので、最高と最低を書き込ませる。以下に示す1年生のクラスでは、グループがどれだけ協力して活動できたかを最低から最高まで表した。

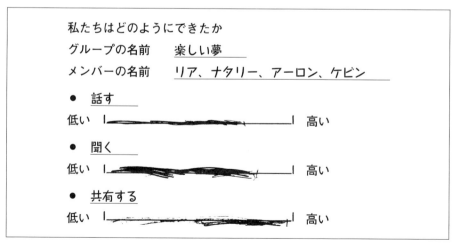

- 同じように、身体を使って自己評価をすることもできる。これは、直線に印とな

162　パート**2**　振り返りとメタ認知能力を磨くための方法

身体で自己評価する生徒たち

るポイントを幾つか設けて、自分の自己評価を表すところに立ってもらう。たとえば、「今日のジャーナルを使った振り返りにどのくらいの努力を払いましたか?」といった質問が考えられる。

- 練習すれば、低学年の生徒たちもたまには自己評価を書きたいと思うようになる。その際は、クラスでつくった評価の言葉を表したリストを参考にするとよい(173ページを参照)。

僕は、描くのがうまいです。
僕は、書くのがうまいです。
僕は、計算するのがうまいです。
　　　　　　　　　　　　　トレント

- 簡単なワークシートを使って生徒たちに自己評価させる (217ページの**ワークシート6**を参照)。自分の努力を示す顔を塗りつぶしてもらう。学年や活動に応じて、評価する適当な項目を事前に書き入れるとよい。

第8章 自己評価　163

ポートフォリオ[★4]

　ポートフォリオは、つくられた過程を含めて生徒の学習したものを明確な目的のもとに集めたもののことです。ポートフォリオの中に入れられるものには、特定の基準にのっとった自己評価が必ず付け加えられます。

　「ポートフォリオ」という名前を聞いたことのある方は増えていると思いますが、まだ使いこなしている先生はそう多くはないと思います。それを作品として見がちな傾向も強いと思います。どんな形をとったらよいのか、どこにしまっておいたらよいのか、誰が目を通すのがよいのか、そして、どのように評価したらよいのか、などです。しかしながら、ポートフォリオの本当の価値は、それを実際に子どもたちがつくる過程と振り返る過程にあります。

　子どもたちが選ぶ基準をつくったり、判断したり、自分の作品を振り返ったり、自分の学んできたことを説明したりする行為にこそ価値があるのです。子ども自身がポートフォリオに何を含めたいのか、その理由は何なのかを考えることは、従来の教師によって一方的に評価される方法をはるかに越える学びを子どもたちに提供することになります。

　ポートフォリオをつくることや振り返ることによって、得られるものには以下のようなものが含まれます。

- 生徒たちは、これまで以上に自分の学びの責任をもつようになる。
- 生徒たちは、主体的に自分の学びにかかわるようになる。
- 生徒たちが、新しい自分を発見するきっかけになる。
- 生徒たちに、自分の考えるプロセスについて考えたり、振り返ったりする機会を提供する。
- 生徒たちの自信やセルフ・エスティームを高める。
- これまでは教師が独占的に行っていた、評価し、成績をつけるという作業に生徒

★4★これ以下三つのセクションは、訳者の発案により著者の了解を得て翻訳本に新たに付け加えられました。このセクションは、Portfolios in the Classroom: Tools for Learning and Instruction, by Beth Schipper and Joanne Rossi, from Stenhouse, 1997を参考にしながら訳者がまとめました。

164　パート**2**　振り返りとメタ認知能力を磨くための方法

がかかわれるようになる。
- 生徒自らが、新たな学習目標を設定しやすくする。
- 親にとっても、自分の子どもの学びの過程を容易に把握できるようにする。

　以上のようにポートフォリオは生徒たち（や親）にとってたくさんの得るものがありますが、教師にとっても得るものは少なくありません。
- 各ステップで評価（振り返り）が行われるので、教え方の改善に反映される。
- 学びの過程と生徒たちに対して、これまで以上に注意するようになる。
- 生徒自身の自己評価や相互評価を踏まえることによって評価の幅を広げる。
- 教えることが楽しくなる。

(1) 何故「つくる過程」を重視するのか？

　従来の評価（つまり、テストや作文など）は、最終的な成果物の出来不出来や内容をどれだけ知っているかということが試されるものでした。ポートフォリオでは、それに生徒がどのような方法を使って学んでいるのかという過程の部分も明らかにしてくれます。

伝統的な評価（何を学んだか）	ポートフォリオ（どう学んだか）
清書された国語の作文	作文が完成するまでの各ステップ（ブレーン・ストーミングや概念図の結果、下書き、書き直し、他の人に校正してもらったものなど）
読書感想文	読書ジャーナルの中には、読む前の予想、各章ごとの感想
国語のテスト（特に解釈の部分）	文章を読んでもらい、それを自分の言葉で説明してもらうところをテープにとったもの
歴史のレポート	最終的なレポートが完成するまでの各ステップ（概念カード、ジャーナルなど）
算数のテスト	それぞれの問題を解く過程を文章ないし式で説明したもの

　右側（過程）は、左側（作品）を完成するためのステップです。生徒たちは、過程（使った方法や達成できたことや努力など）を明らかにすることによって、自分

第8章　自己評価　165

の考えがどのように展開していたのかを知ることができますし、ブレーン・ストーミング、概念図、下書き、書き直し、ジャーナルなどの重要性にも気づけます。さらには、結果と同じかそれ以上に過程が大切なんだということにも気づきます。

(2) 評価の基準は誰がつくり、誰が評価するのか？

　これまではテストや作文の点数があとで戻ってくるだけでしたから、評価の基準は教師によって設定されていました。評価の基準をあらかじめ生徒たちと共有したり、実際生徒たちに基準づくりにかかわってもらうといったことは考えもしなかったことかもしれません。しかしながら、研究や実践の結果から、私たちは事前に基準が知らされていたり、自らがその基準づくりにかかわったときに、よりよく学べる（振り返れる）ことが分かってきました。基準が分かっているので、学習の過程でも生徒が自ら自己修正することや教師の助けを借りることが容易になるからです（評価の基準づくりについては、166～168ページで詳しく触れます）。

　教師は、これまでも生徒の成績をつけてきましたし、今後もつけていきます。しかし、ポートフォリオの価値は、生徒が自ら選んだものに自己評価を加える点です。これは常に、ほかの人に自分の評価をしてもらうだけでなく自らを評価する力ですから、とても大切な能力です（221ページの**ワークシート10**を参照）。

ポートフォリオは生徒のためだけではありません

　まずは、教師が自分のポートフォリオをつくってみるところから始めてみるのがよいでしょう。自分の教え方を振り返ることができるだけでなく、改善の糸口にもなります。そして、実際に子どもたちにやらせる前に自分が体験しておくことが大切ですし、子どもたちにモデルで示すことは何よりも説得力があります。

　もちろん、自分の学校での記録をすべてとるのではなく、小学校の場合だったらある一つの教科とか、中学・高校の場合はあるクラスの記録に特化したほうが振り返るのも楽ですし、改善案なども容易に考えられます。また、そのうえ導入しやすいというメリットもあります。もし、一人でも関心のある教師と一緒にやることができれば、互いにサポート（励ま）しあえてなおよいでしょう。

166　パート**2**　振り返りとメタ認知能力を磨くための方法

評価基準表づくり

　生徒たちが自分の学んでいることを考えたり、学習者としての自分の成長を知るためには、どのようなことが期待されているのかをはっきりと理解しておく必要があります。その意味で、規準および基準の両方を明確にした評価は、何が求められ、それが学べた状態がどんなものかということを見える形で生徒たちに提示することができるので大きな助けとなります。[5]

　教師と生徒たちが一緒に評価基準表づくりをすることによって、生徒たちには評価と自分の成長の基準がより明確になります。基準は、振り返りを容易にします。

評価基準表づくりの一つの方法

● 生徒たちは、今から自分たちが取り組む課題（や単元）の最終成果物のモデル[6]を観察し、吟味し、それをよいものにするための特徴について考えます。たとえば、理科の実験のレポートをよいものにするのは何か？　プロジェクトをよいものにする要因は何か？　作文をよいものにするのは何か？　よい生徒の要因は何か？

● よいモデル（ないし行動）をつくり出す特徴を、各自ないし小グループで出しあいます。たとえば、「よい物語を書く」場合について考えたときは以下のようなものが挙がりました。

・よい書き出し／導入部分　　　　　・問題や複雑さを含めている

・正しいつづり　　　　　　　　　　・よい終わり方をしている

・おもしろい言葉や文章が使われている　・意味がとれる

・おもしろい流れ　　　　　　　　　・理解しやすいように構成されている

・句読点などが正しく使われている

● お互いが出したものを紹介しあい、規準となるものをいくつかに分類します。たとえば、「よい物語を書く」例では、教師の助けも借りながら、意味、構成、独創的な言葉づかい、つづり、句読点の五つの項目になりました。この段階で、**表**

8－1のような評価基準表を紹介し、一番左側にそれらの項目（＝規準／観点）
を書き込みます。
● 次の段階は、たとえば3段階の基準表をつくる場合は、「とてもよい」、「よい」、
　「まだ改善が必要」について考えていきます。その際は、効果、頻度、明瞭性、
　理解などのレベルの違いを表す言葉を考えるとよいでしょう。また最初は、「と
　てもよい」について考えるのがよいと思われます（表8－1参照）。
● 次に、「よい」と「まだ改善が必要」の二つについて各項目を考えました。
● 評価基準表をつくり上げたあとで、何が求められているのかを生徒たちみんなが
　認識できたか確認したうえで実際に物語を書かせます。書いたあとは、自分だけ
　で、あるいは仲間と評価基準表を見ながら自己評価ないし相互評価をします。教
　師も同じ基準表を使って、自己評価や相互評価では生徒たちが見落しがちな点に
　ついて的確なフィードバックを提供することができます。

表8－1　物語を書くときに使う評価基準表

評価規準 ＼ 評価の段階	とてもよい	よい	まだ改善が必要
意味	とてもはっきりしていて、分かりやすい。	全体的には分かりやすいが、理解するのが難しい部分がある。	なかなか理解できない。
構成	導入、出来事の流れ、複雑さ、筋が解明される部分など、すべての要素が含まれている。	ほとんどの要素が含まれている。	ほとんどの要素が含まれていない。
独創的な言葉づかい	頻繁に、おもしろい言い回しや創造的なイメージをつくり出している。	たまに、おもしろい言い回しや創造的なイメージがつくり出されている。	おもしろい言い回しや創造的なイメージはほとんどつくり出されていない。
つづり	同じ単語の繰り返しがほとんどなく、正しいつづりである。	ほとんど正しいが、使うことの少ない単語の間違いが何ヶ所かある。	同じ単語を繰り返し使い、しかもつづりの間違いがたくさんある。
句読点	句読点や引用符や頭文字などが間違いなく使われている。	何ヶ所か間違いがある。	間違いが目立つ。

168 　パート **2**　振り返りとメタ認知能力を磨くための方法

　なお、**表8－2**は小学校6年生の理科の授業「大地のつくりと変化」で生徒たち
と一緒につくった評価基準表の例です。このように評価の段階をおもしろくすると、
生徒たちはますます乗ってくる可能性が高くなります。[7]

表8－2　理科の実験の際に協力しあえたかを見るための評価基準表

	ホームラン	三塁打	二塁打	ヒット
実験や観察に協力しあう	みんなの仕事を必要があれば助けあいながら果たす。 自分の困っていることも言える。	自分の役割は責任をもって果たす。 困っている人を助ける。	リーダーが指示をして動く。 グループとしてまとまる。	役割は分かっているが、積極的には動かない。 自分のやることが分かる。

生徒中心の三者面談[8]

　二者面談は教師と保護者が行うものですが、三者面談はそれに生徒も一緒に参加
します。いずれにしても、生徒のことを中心に話し合うのですが、これまではよほ
どの話したがり屋というか、教師に対して不満をもっている親が来ないかぎりは面
談の主役（つまり、より多く話す人）は教師であったように思います。本来主役で
あるはずの生徒をしっかりと中心に据えて親と教師が共に学び、適切なサポートを
していこうというのが「生徒中心の三者面談」です。

　これには、下記のような準備が必要です（と言っても、それ自体が大切な学びの
過程なわけですが）。

❶まずは、生徒たちが自分自身のことを大切な存在と思え、考えていることをしっ
　かり話せなければなりませんから、第2章で紹介したクラスの雰囲気づくりやセ
　ルフ・エスティームを高める活動がしっかりとできていなければなりません（同
　時に、保護者に対しても、学級通信などの形でこの新しい試みを徐々に紹介して
　いくことを忘れてはなりません）。

❷次は、163〜165ページで紹介したポートフォリオをつくることです。なお、何で
　も溜め込んでおくポートフォリオと面談用に選りすぐったポートフォリオの2種

第8章　自己評価　169

類があります。★9 また、早めの段階で評価基準表をつくっておくことも忘れないでください。それがないと、自分で評価する際に戸惑ってしまう生徒がたくさん出てしまうからです。評価基準表があると期待もはっきりするので、頑張ろうという気にもなれます。

❸三者面談の近くになった段階では教師と生徒の二者面談を行い、見落とした点などがないかを確認します。また、生徒たちには親に対する招待状を書かせます。教師からは、当日の詳しい手順について説明した案内状を招待状に添えたほうが当日の混乱を最小限に抑えることができるでしょう。

❹そして、2〜3日前までに、担任以外の人を自分の親に見立てた面談の予行演習をします。これには、ボランティアの人たちや上級学年の生徒たちが適当かもしれません。

三者面談の当日は、従来のように各家族一組ずつする必要はありません。すでに教師と生徒のすりあわせは終わっているので、少なくとも5〜6組は同時並行でできるのがこの面談の特徴です。教師は、それぞれの生徒が自分の学びをポートフォリオを使いながらうまく説明できているかどうか確認しながら、少し離れたところから温かく見守るようにします。つまり、面談の参加者というよりは製作者ないし監督の役割を果たします。

....

★5★翻って考えると、本来、単元や授業のねらいを明確にした段階で、評価の基準も一緒に明らかにすべきだったのかもしれません。しかし、それはやられてきませんでした。テストが評価の中心をなしているかぎりにおいては難しいかもしれません。しかしながら、評価の透明性や学びに寄与する評価のあり方などが求められる中で、脚光を浴びつつあるのが評価基準表（ルーブリック）です。
　評価基準表には、異なる教科や、同じ教科でも異なる単元で使える一般的なものと、特定の単元や課題にしか使えない課題特定的なものや、評価規準ごとに評価できる分析的なものと、それを一括した全体的なものなどがあります。詳しくは、『評価規準と評価基準表を使った授業実践の方法』（安藤輝次編著、黎明書房）の57〜58ページを参照ください。
★6★モデルないしサンプルとなるものは、前年度のものや、ほかのクラスの生徒たちがつくったものなどを使うとよいです。
★7★岩手県盛岡市立本宮小学校の藤澤義栄先生が、この本の翻訳と並行して実践してくれたものです。
★8★Changing the View: Student-Led Parent Conference, by Terri Austin, 1994を参考にしながらまとめました。
★9★精選されず収集段階にあるものを「ワーキング・ポートフォリオ」、「元ポートフォリオ」あるいは「学習ファイル」などと呼び、記録や引継ぎや卒業（AO／推薦入試）のためなどに他人に見せることを意識して精選されたものを「パーマネント・ポートフォリオ」、「凝縮ポートフォリオ」と呼びます。

なお、子どもの説明だけでは満足しなかった親に対しては、できるだけその場で対応し、また当日参加できない親に対しては代わりの方法を事前に考えておく必要があります（主役が親ではなく生徒ですから、できるだけ代わりの人が手配できるように努力します）。ちなみに、親に出席してもらう一番よい方法は、教師からの呼びかけではなく生徒本人からもらう招待状です。

また、通知票をこのときに一緒に渡すと効果は倍増します。教師と生徒の二者面談の前までに両者が通知票をつけ、それをすりあわせることも二者面談の柱にするのです。そうなると、三者面談の席では、それも一緒に親に見せ、それを踏まえた今後の学習計画を提示することによって親の納得と協力も得られることになります。

保護者と生徒の両者から、この「生徒中心の三者面談」をより良くするためのフィードバックをもらうことを忘れないでください。もちろん、教師自身も、何はよくて、何は改善できるのかをしっかりと振り返るようにします。

表8－3　三者面談用のポートフォリオに含めたいもの

●目次
●履歴書
●各教科二つずつの学習物
●ジャーナルから1ページをコピーしたもの
●ポートフォリオ全体の振り返りシート
●通知票
●担任の総括
●今後の学習計画
●模擬面談をした人の振り返りシート
●保護者の振り返りシート（終わった時点で、その場で書いてもらう）

何故、あえて自己評価やグループ評価をするのか？

自己評価には時間を要しますが、この方法には極めて大きな効果もあります。それは、ほかの評価の方法では絶対に明らかにできない情報を提供してくれるからです。教師からすれば、生徒がどれだけの努力を払ったかということは分かりません。コーエンは、「作品に至る過程の思考プロセスは、通常は学習者の胸の内にしまわ

れています」と言っています（Cohen, 1987, p.285）

　自己評価の研究でコーワン（Cowan, 1988）は、一般に自己評価の方が教師による評価よりも低くつける傾向があることを発見しました。教師よりも高くつけた生徒もいるにはいたのですが、それは最初のときだけでした。コーワンはまた、自己評価が自分の必要としていることを見つけたり、全体のパフォーマンスの改善や向上心につながることも発見しました。

> 私は、自分の読み書きは改善できると思っています。また、ほかの人たちの間違いを参考にすることで、スペリングにはもっと注意をしなければいけないと思います。私のがよかった点は、ひきつける形容詞を使っていたことです。
> さらに、明るい色の方がよく見えることを学びました。もっとひきつけるためには、もっと皮やほかの材料を使うべきでした。これからは、絵をもっと描き、鮮やかな色をもっと使ったほうがいいと思います。

　自己評価は振り返りを促進し、生徒たちに自分の学びに関するより大きな責任と動機づけを提供します。またそれは、第2章で紹介したポジティブなクラスの環境をつくり、より強固なものにします。自己評価から収集した情報は、目標を設定するのにも使えます。

　生徒たちの積極的な思考を推進するほかの学習方法と同じように、自己評価をする際には時間と励ましが欠かせません。以下に紹介するのは、自己評価とグループ評価をモデルで示し、奨励する際の具体的な方法です。

● 何を学び、生徒たちがどう変わったのかを話す時間を確保する。
● 教師としての自分自身の成長を観察すると同時に、考えていることを声に出して言う。また、書き出すことも効果的で、自分自身の振り返りを生徒たちに紹介することが大切。
● 生徒たちが学んだことや考えたことを、ペアやグループで話す時間を確保する。
● 生徒の振り返りに対して具体的で、しかも肯定的なフィードバックを頻繁に与える。
● 教師と親の面談に生徒も巻き込むことで、生徒の評価の過程への参加に教師も親も真剣であることを示す。

172　パート2　振り返りとメタ認知能力を磨くための方法

自分たちがどれだけうまくグループで活動できたかを振り返る生徒たち

- クラスのチャート（表）を一緒につくり、壁に貼り、それを評価の項目として使う。それを頻繁に使うことによって、気がついたことは修正したり付け足す。たとえば、以下のような表をつくることができる。
    ❶学びを助けるものと妨げるもの　（125ページを参照）
    ❷協力してグループ活動をするスキル
    ❸よい話し手と聞き手　（173ページの表を参照）
    ❹グループで活動するのは何故いいのか？
    ❺何故、自己評価するのか？
- 日常することの一部として生徒たちが学んだことや考えたことを共有したり、祝ったりする時間を確保する。

よい話し手
発言する
面白くする
聞き手を見る
聞き手が理解していることを確かめる
質問をする
身体も目線も逃げない
テーマを変えない
理解されていないようなら繰り返す
顔や手を使う
音声を変える（一方調子では話さない）

よい聞き手
寛容
テーマを変えない
邪魔をしない
話し手を見る
雑音を立てない
適切な質問をする
うなずく
注意する
終わったときに話されたことを反復する

自己評価は生徒のためだけではありません

　生徒たちの評価を系統立ててすることを理解すると同時に、使われる方法や教材などが適切であることを確実にするために、教師は自分自身の実践を振り返る必要があります。このとき、以下のような内容で自らに問いかけることはとても効果的です。

●生徒たちが一緒に学ぶのをどのようにサポートできたか？

●私の質問とフィードバックは適切だったか？

●自分は自己評価をモデルで示しているか？

●ポジティブな学習環境をどのように提供できるか？

●生徒たちを意思決定の過程に巻き込むことはできたか？

●私が価値を見いだしていることに時間をかけることができたか？

●私の今の目標は何か？

　このような質問を考える一つの方法は、ジャーナルをつけることです。それは、実際にしたことを記録し、信念をはっきりさせ、努力が目標にどれだけ近づいているかを吟味し、そして達成したことを自分で誉めてあげることのできる効果的な方法です。

　同僚とティーム・ティーチングしたり、互いにサポートしあうグループのメンバ

ーとして仕事をすることは、継続的かつ即座の振り返りや改善を促します。私たち
が生徒にメタ認知能力を身につけさせたいと思うのと同じように、メタ・ティーチ
ング・スキルが教師には求められています。何をしたのかモニターし、それを何故、
どのようにしたのかを知ることは、自分の実践を改善するためにとても重要です。
教師の振り返りの過程を生徒たちに声を出して言うことによって、生徒たちに使っ
てほしい評価の方法をモデルで示すことになります。

　このように、評価は学ぶことや教えることと切り離せない関係にあり、継続的に
行われるべきものです。生徒たちを巻き込むことによって、私たちの評価がより良
い学びのために貴重な情報を提供するだけでなく、貢献もしてくれます。

振り返り

　自己評価は、私がどう感じたのかを振り返らせてくれました。そして、何が
必要なのかを考えさせてくれました。書き出すことは、さらに深く考えること
を助けてくれました。また、私のこれまでの教育の一部がベストのものではな
かったことを証明もしてくれてしまいました。

　自分がどのくらいできていて、何を知っているのかを考えさせてくれるので、
自己評価を書くことはよいことだと思います。自分についての自分自身の考え
なので、とても助けになるとも思います。よく知らないことがあったり、あま
りよくできなかったり、教師が知らない場合には、それについて書くことがで
きます。

　　　　　　　　　　　　　　　　　　　　　　　　　　　　　　ジョディー

第**9**章　成功の鍵

*読み書きをしたり、算数の問題を解いたり、ほかの課題をすることが思
考力を養うことは確かである。歩いたり、走ったり、遊んだりすること
が体操で必要なスキルを生徒たちに身につけさせることも確かだが、そ
れらをすることで直接的に体操がうまくなるとは誰も思っていない。体
操のスキルを自分のものにするためには、生徒たちは正式のトレーニン
グを受ける必要がある。同じように、思考力を身につけるためには正式
な教えを受ける必要がある。*

(Chance, 1986, p.134)

　思考力は、自然に身につくものではありません。それは、教えられて初めて身に
つきます。振り返りとメタ認知能力を養うための処方箋を書くことは容易なことで
はありませんが、生徒や教師たちが自分たちの学びや思考を理解したり、モニター
したり、責任をもって行動できるようになるための方法はたくさんあります。

　以下は、メタ認知能力に影響を及ぼす要因についての説明です。教師はクラスの
状況にあわせて適切に応用することが求められます。それら教師が影響力をもって
いる要因を、生徒たちがもっているユニークなニーズや特徴にあわせて応用する必
要があるということです。

176　パート **2**　振り返りとメタ認知能力を磨くための方法

振り返りとメタ認知能力の成長に影響を及ぼす要因

　（学習者にとって）内的な要因と外的な要因の両方が学びの過程には大切です。そして、教室の中での学習体験がこれらの二つの要因に極めて重要な結びつきを提供してくれます。

　これまでは、学習体験の組み立ては完全に教師の役割と思われてきました。教師が課題を構成し、内容や教える際の形態や評価の方法を決める役割をもっていました。近年は、学習者の自発的な取り組みが実際に学びが起こるためには不可欠と見られるようになってきたので、教師が左右できる範囲は少なくなってきています。生徒を中心にしたアプローチでは、自立した学習者・思考者を育てるために学習体験を契約すること（第4章を参照）などの方法で生徒を巻き込むことが奨励されています。

(1) 外的な要因

　外的な要因は、普通、教師やほかの生徒から提供されるものです。それには、人間関係、感情、教室の中のものの配置、そして知性（＝カリキュラムの選択[★2]）などの条件が含まれています（33〜37ページを参照）。ちなみに、これらの要因は、学習者としての教師にも当てはまります。さらに、学校がどう組織されているかということ[★3]が、振り返りの能力や教師によるカリキュラム（単元・授業）開発に大きく影響します。

カリキュラム関連の要因
● 建設的かつ肯定的なフィードバックを提供する。
● やり取りとチーム内の依存関係を奨励する。
● 脅威のない雰囲気の中でサポートが提供される。
● 質問と思考の方法や熱心に打ち込むことをモデルとして示す。
● 様々な教材・教具を提供する。
● 失敗を恐れずに試してみることを奨励する。

第9章　成功の鍵　177

- ねらいと方法を明確にする。
- 振り返りの過程を大切にする。
- 意味のある活動を組み立てる。
- 高い、しかし現実的な期待をもつ。
- 目標をはっきりさせる。
- 生徒たちを適度の難しさでチャレンジさせる。
- 学んだスキルや方法を応用するための時間を確保する。
- 振り返る、共有する、評価する時間を確保する。
- 選択を提供する。
- 多様な経験や結果に向けて計画する。

学習体験関連の要因

　ほとんどの学習体験は教師によって計画されますが、生徒が影響を与えることも実際に組み立てることも可能です。以下に紹介するものは、学習者が一人ひとり独立した個人であるということを前提にしています。それは、自立した、振り返りとメタ認知能力をもった学習者を養うのに最も適した学習方法であると考えられているからです。

- 主体的／活動的で、責任を伴った学習
- チーム学習
- 教科を統合した学習
- 交渉して内容や方法を決める学習
- 開かれた活動や質問
- 自己評価やグループ評価

★1★「教える際の形態」で主に指しているのは、一斉授業か、グループ授業か、個別授業かです。グループの場合は、どのような編成にするかといったことも大切になります。
★2★ここでいうカリキュラムは、生徒たちに教える内容と方法のこと。
★3★「学校がどう組織されているか」とは、学校が学ぶ組織として存在しているか、校長が学びのリーダー役を担えているか、それとも校長を含めた教員たちの多くが学びを卒業してしまった人たちか。さらには、同僚とティーム・ティーチングをしたり、互いにサポートしあうグループ（学習会など）のメンバーになることが奨励されているか。さらに言えば、教師たちがどれだけ決定権をもっているか（要するには、176～179ページでリストアップされていることが、生徒のためはもちろん、教師のためにも存在するかということ！）などです。

178　パート **2**　振り返りとメタ認知能力を磨くための方法

(2) 内的要因

　内的要因は、学習者が学習の場にもち込んでくる要因のことです。学習者がどれだけ学習体験に打ち込めるかも、学びの成果を決定づける要因です。これらの要因は、当然のことながら、クラスのほかの生徒たちや教師によって影響が与えられます。三つの大きな項目に分けて紹介していますが、それらは相互にオーバーラップする部分が多分にあります。

認識面の要因

　多くの思考や認識面でのプロセスは、教師によって提供される機会によって左右されます。たとえば、もし教師がその価値を見いだしていなければ、振り返りのスキルが練習されることはないでしょう。同様に、学校の組織が時間とその環境を提供しなければ、教師たちがティーム・ティーチングをしたり、協力して授業・単元案をつくるということもあり得ません。

- ❶既存の知識
- ❷それまでにもっている経験
- ❸学びの捉え方
- ❹ねらいとそれを達成するために必要なものの理解
- ❺課題を成し遂げられる能力
- ❻アイディアを応用できる能力
- ❼振り返りができる能力
- ❽そのほかの思考力

態度面の要因

- ❶動機づけ（自分の内から沸いてくるものか、それとも外部から与えられたものか）
- ❷課題への取り組み方
- ❸課題を楽しめるか
- ❹関連性を見いだせるか
- ❺好奇心

❻忍耐力

❼自発性

性格／行動面の要因

❶自信

❷自己管理

❸自立的な作業の仕方

❹コミュニケーション能力

❺協力してチームで活動できるか

❻ほかの人の意見を大切にできるか

❼失敗を恐れずに試せるか

❽ほかの人の意見や助けを求められるか

❾時間や持ち物や物事の順序立てなども含めた学習スキルを身につけているか

　学びとはまったく関係ない要因も生徒の成長に影響を与えます。それには、健康、ストレスのレベル、家庭の環境、姓、社会一般の期待などが含まれます。

自立的な学習者としての教師と生徒

　これまで見てきたように、内定要因と外的要因の両方が学びと思考に影響を与えます。また学びは、複雑に絡みあった一連の個人の特徴にも左右されます。その中には、価値観、態度、向上心、認識のレベル、好みの学びのスタイル、自信、健康などが含まれています。学びは、これらの特徴だけで決まるわけではありません。

　学びの体験、環境、その中でのやり取りが学びの成否を決める鍵です。学びの体験と環境は、学習者自身が自らの学びにおいてコントロールできる量を増やすことを助けるものでなければなりません。同時に、目標を達成する過程で、新しく、より効果的な学びのスキルやスタイル、および方法を学習者が身につけるにあたって助けとなるものでなければなりません。

180　パート **2**　振り返りとメタ認知能力を磨くための方法

　教師は、以下のような方法をとることによって、生徒たちが自分の学びに積極的にかかわれるようにすることができます。
- 選択と開かれた課題を与える。
- グループ内の相互依存関係を促進する。
- 生徒たちが自分の目標を設定し、モニターできるようにする。
- 生徒自身の学びのために生徒たちの責任を増やす。

　振り返りとメタ認知能力を養うことによって、自分自身の学びのために生徒たちは責任をとれる能力を飛躍的に高めます。そして、増えた責任は振り返りとメタ認知能力をより一層養い、生徒の気づきと学びのコントロールを高めることにつながります。
　学びの環境の中でつくられる様々な状況は、生徒や教師が振り返りとメタ認知能力を養う際に決定的に重要です。そして両者は、学びの環境や状況を組織し、評価する中で重要な役割を担います。これは、ほとんどのクラスにおいて、学びと思考についての生徒たちの責任を増すために、教師がそれまでもっていた力の一部を手放す必要性があることを意味します。

振り返りとメタ認知能力を養うための方法

　振り返りとメタ認知能力を養うための五つの主要な方法（ジャーナル、概念図、質問、交渉、自己評価）を、第4章から第8章にかけて紹介しました。これらの方法は、すべての教科・領域で使うことができます。たとえば、算数で問題を解いたり、社会科や総合学習で探究学習をしたり、ホール・ランゲージ[4]の視点を導入した国語（英語）の授業などです。実は、思考力は意味のある内容を扱う状況の中で養われなければなりません。
　当然のことですが、思考について考えるときは何か考えるものが必要です。思考力を教えることは、内容と競合関係にあるものととらえるのではなく、ともに学びを向上させる、補い合う関係にあるものとしてとらえるべきです。

第9章 成功の鍵　181

　学ぶかどうかという学びについての決定は、生徒によってなされます。教師にとってのチャレンジは、生徒たちが学びたくなるような状況をつくり出すことです。生徒たちが自分の学びの責任をとるのであれば、自分の学びの環境の中でそれが実際にできる場面がある程度なければなりません。振り返りとメタ認知能力を養うときに必要な人間関係、感情、知性、教室の中のものの配置という四つの条件を整えることは教師の責任です（第2章を参照）。その意味で、これらの条件をつくり出す教師に生徒たちは大きく依存しています。しかしながら、経験と練習を通して、これらの責任を共有することは可能です。表9−1（182ページ）で紹介するリストは、生徒と教師の役割の関係を示しています。

　生徒たちが振り返りとメタ認知能力を養うためにベストの条件をつくり出す過程で、教師は自分の思考力と教え方について学んだり、練習したり、改善したりする状況に置かれます。教師も、教える／学ぶという行為の相互補完関係の中にあり、振り返りの方法を練習することによって生徒と同じように学ぶことができます。

生徒たちは課題に取り組み始める前に、期待されていることと評価の条件を知っていなければなりません。それらをチームのメンバーと確認しあっている生徒たち。

182　パート *2*　振り返りとメタ認知能力を磨くための方法

表9－1　自立的な学習者を育てるための重要な要因のチェックリスト

生徒たちは、	教師は、
●失敗を恐れずに試したり、創造的であることに安心できなければなりません。 ●チャレンジしなければなりません。 ●期待と評価の条件などを理解していなければなりません。 ●自分のしていることを共有し、必要に応じてアドバイスを受けなければなりません。 ●フィードバックをもらったり、与えたりする、よいチームのメンバーでなければなりません。 ●自分の成長を振り返らなければなりません。 ●スキルを練習したり、評価したりする時間がなければなりません。 ●振り返りの過程を大切にしなければなりません。 ●責任がとれなければなりません。	●肯定的で、具体的で、ひんぱんなフィードバックを与えなければなりません。 ●期待と評価の条件をはっきりしなければなりません。 ●失敗を恐れずに試してみることを奨励しなければなりません。 ●身につくには時間がかかることを理解しなければなりません。 ●チームワークを奨励しなければなりません。 ●振り返りをモデルで示さなければなりません。 ●チャレンジを提供しなければなりません。 ●生徒同士が協力できる評価の方法を使わなければなりません。 ●自己評価の時間を確保し、振り返りを大切にしなければなりません。 ●自分の役割をファシリテーターととらえなければなりません。 ●自分たちのニーズは自分たちでモニターできるという生徒たちを信じなければなりません。 ●自分自身へのフィードバックも受け入れなければなりません。 ●意味のある状況の中で方法を練習する時間を生徒に提供しなければなりません。 ●様々な方法をモデルで示し、書き出したり、口に出さなければなりません。 ●生徒たちと作業と責任を共有する時間を確保しなければなりません。

プログラムを計画する

　たくさんの方法が振り返りとメタ認知能力を養います。練習を通して、あなたも自分にあった活動のレパートリー（持ち駒）を身につけていってください。それらの活動は、以下のようなことを促進します。

●生徒と教師の学びや思考を振り返る

- 自問
- 質問
- 体験を過去、現在あるいは未来の出来事と関連づける
- 学びの分析と評価
- 自己評価
- 仮説を立て、ほかの方法を考える
- 意思決定
- 目標設定
- 計画づくり

授業の中でひんぱんに使われるべき方法には、以下のようなものがあります。
- ジャーナルをつけたり、自己評価するなど、書面での振り返りをする。
- グループで活動する。
- 共有しあい、教師と仲間からのフィードバックを得る。

時には使うことが望ましい効果的な方法としては、以下のようなものがあります。
- 概念図を描く。
- 似ているものやたとえを使う。
- 目標設定や計画づくりをする。
- 学びや思考について口頭で振り返る（書くよりも短い時間ですむので、いつでも使える）。

思考力は当然教えることのできるスキルであり、学校の中だけでなく日常の生活の中でも広く使えるものです。その中の幾つかのスキルと関連する知識はある特定

★4★ホール・ランゲージ（whole language）は、言葉を教える際に、音声、単語、文法、文章理解などの要素に分けてそれぞれをバラバラに教えるのではなく、それらが実際に存在する場面ないし目的（文章全部や物語全部）の中で身につけさせようとする指導方法です。この方法は、「人間は意味のあるもの（または意味を感じられるもの）でないとよく学べない」という脳の機能に適していると考えられています。たとえば、英単語を一つ一つバラバラに覚えようとしてもすぐ忘れてしまいますが、意味のある文章の中で覚えると記憶に残りやすいものです。このアプローチの効果を知った多くの教師たちは、算数や理科、社会科など、ほかの教科にも広く応用するようになっています。

グループで自分たちがジャーナルに書いた振り返りを紹介しあっている生徒たち。

の状況や課題が与えられないとできませんが、残りの方法はどんな状況でも使えます。投げかける問題の本質、生徒たちが知っていること、生徒たちが知らなければならないこと、そしてどのように課題に迫れるかといったことを考慮しながら、生徒たちに課題を計画的に教えることはできます。生徒たちはまた、鍵となる質問を自らつくり出すことも学べます。

　練習を通して、生徒たちや教師がこれまで紹介してきた学習方法や、振り返りやメタ認知能力を習得し、自分たちの学びを助けるためにそれらを自然に使いこなせるようになることを願っています。

　教師と生徒たちが容易に助けあえる環境の中で考えるということを理解し、大切にし、練習することによって、学習者自らが方向づけ、教室の枠を超えた学びへの継続的なかかわりが可能になることでしょう。

訳者あとがき

　最後まで読んでいただきましてありがとうございました。読み終えて、どのような感想をもたれたでしょうか？　何か、明日からでもやれそうなことが見つかりましたでしょうか？

　ここでは、この本を私が訳したいと思った経緯について簡単に説明します。

　文部科学省は、1990年代の早い時期に「新しい学力観」の名のもとに、これまでの知識だけでなく「関心・意欲・態度、思考力、判断力、表現力など」を同時に身につけていく教育を提唱しました。しかし、教育はそもそも知識、技能、態度の3本柱で構成されていることを思い起こすと、それらは「新しい」どころか「忘れ去られていた」教育観と言った方が当たっていると思います。

　いずれにしても、「絵に描いた餅」は提供されたのですが、それらを毎日の授業で実践していく方法は提供されていませんから、大学も含めて、「先生ががんばって教える授業」、「教科書中心の授業」、「暗記のための（ということは、テストが終わってしばらくしたら、そのほとんどを忘れることが約束されている）授業」が相変わらず多くのクラスで行われています。その結果、先生たちは「なぜ教えたのに、生徒たちは覚えていないんだろう」を言い続け、生徒たちにとっては「学ぶことの意味が感じられない授業」、「生徒同士で話し合ったり、教えあったりすることができない授業」、「振り返ったり、考えたりすることが組み込まれていない授業」が続いています。

　この本には、こうした授業を回避し、知識はもとより「関心・意欲・態度、思考力、判断力、表現力等」（文部科学省は、その後「新しい学力」を「生きる力」に名称変更し、これらをその中心的な部分として位置づけています）を授業で磨くための方法が満載されています。

この本は、学校の先生たちを主な対象にしたものですが、わが国においては長年の間、こうした手法を使って考えたり、判断したり、表現したりする練習をしてきていませんから、社員・職員教育を含めた成人・社会教育の場でも必要であり、使える内容になっていると思います。実際、私が講師を務める研修などではこれらの方法を使っていますが、いつも極めて大きな効果を上げています。

さらにこの本では、「関心・意欲・態度、思考力、判断力、表現力等」を練習するための基盤として欠かせない理論的な部分（第1章参照）や、お互いを知りあう活動や仲間づくりの活動（第2章参照）などについても紹介してくれています。

教育関係の良書が極めて少ないわが国において、良い教育書をシリーズで出していくという私のアイディアに賛同してくれた株式会社新評論の武市一幸さんに感謝します（この本が、私にとっては新評論からの3冊目の翻訳書になります。今、翻訳書も含めていろいろな企画を温めていますので、乞うご期待！）。また、度重なる翻訳上の質問に根気よく、しかも懇切丁寧に答えてくれた著者のレスリー・ウィング・ジャンさんにも感謝します。

2004年2月29日

吉田新一郎

増補　みなさんに伝えたいこと──「訳者による解説」

　「考える力はこうしてつける」は、「考える」ってことをしっかり考えてきて
いなかったなぁと初めて読んだ時に思いました。「考えることは大事」と言い
ながら、「考えること」がどういうことか僕自身考えていなかったんです。
　今は当たり前になった「メタ認知」もこの本がスタートでした。1993年に
書かれたものなのですね。改めてびっくりしています。
　具体的な方法が載っていること、それがその後のどの本や考え方と出会って
もこの本につながっていくことがすごいと思います。
　あとは、教え方ではなく、教師自身の振り返りや考えるという視点で書かれ
ていることも面白いです。

　掲載した文章は、繰り返し本書を読んだ方からの感想です。なぜ、この文章を紹
介したかというと、訳者である私が、最初にこの本に出合い、そして、その後に感
じたことと同じだったからです。本書がオーストラリアで出版されたのは1993年、
私が見つけたのは1996年、そして日本で翻訳出版されたのは2004年です。したがっ
て、「内容的には古い」と思われる方もいることでしょう。
　しかし、いま読んでも「古さ」というものは感じないと思います。実際、今回の
増補版のために私も数回読み直しましたが、「古さ」を感じるどころか、書かれて
いることの多くがいまだ日本では知られていなかったり、導入／実践されていない
ことが多々あるのです。さらに言えば、現在「はやり」となっているアクティブ・
ラーニングにはピッタリの本でもあります（なんと、20年以上ものズレがある！）。
　この本に出合ってから、私が20年以上にわたって行ってきたことの多くが、本書
のなかに埋め込まれているようにも感じています。それを証明しているのが、本書
の売れ行きかもしれません。2004年に翻訳出版してから現在まで、4刷を重ねてい
るのです。「本が読まれなくなった」とか「仮に売れても瞬間でしかない」という

嘆きの声が鳴り響いている出版界において、14年間も読み継がれている教育関係の本というのは稀有なものとなります。

　そして2017年末、5刷目をしようかと考えている時、「さらに本書のことを知ってもらうため、また、身近な問題としてより深く理解いていただくために、訳者解説を付して増補版にしましょう」という出版社からの依頼がありました。出版社の意向をくみ、「訳者による解説」という小論を掲載して、このたび「増補版」とさせていただいた次第です。

　よって、以下に記した文章は、本書をさらに読み解くための、訳者なりの補足説明となります。もちろん、最近刊行されている関連書籍や刊行予定となっている書籍の紹介も行いますし、教育現場の現状なども踏まえた形で執筆を致しました。本編を読まれたみなさんが、「さらなる理解」をするための手助けになればと思っています。

学習するなかでの「振り返り」の大切さ

　原書のタイトルは『Thinking for Themselves（自分で考えられるようにする）』で、サブタイトルは「Developing Strategies for Reflective Learning（自分で振り返りながら学べるように方法を身につける）」となっていますから、子どもたちが主体的に振り返れるようにすることが本書の中心テーマであり、それができるようになったら「自分で考えられるのも同然」という立場を本書はとっています。[★1]

　そういえば、いま『算数・数学はアートだ！』（ポール・ロックハート著）の続編として訳している『数学的思考（Thinking Mathematically）』（ジョン・メイソン他著）でも、数学的思考＝問題解決能力を身につける際に最も重要になるのは「振り返ることと記録を取ること」と書かれてあります。思考面だけでなく、特に感情面まで含めて書くことが提案されているのです。そんなこと、これまでの算数・数学教育で意識したことありますか？

　もう一冊、翻訳を進めているものに『あなたが教えたことのない最高の授業！（The Best Class You Never Taught）』（アレキシス・ウィギンズ著）という本があります。ここでも、「振り返り」が柱として位置づけられています。

振り返りの大切さは、NHKの人気番組である『奇跡のレッスン』を見ても明らかとなります。特に、ラグビー全日本の元監督を務めたエディー・ジョーンズさんが登場する「ラグビー編」をご覧になってください。そのほかにも、「ゴルフ編」や「ハンドボール編」などが参考になります。

　この「振り返り」と「メタ認知」は、切り離せない関係にあると言えます。本書でも、メタ認知については、1ページのほか、9ページからその重要性が強調されています。さらに、**図1-1**や**図1-2**（ともに16ページ）および**表1-2**（21ページ）を見てもそれは明らかです。

　さらに、2017年11月に翻訳出版をした『「学びの責任」は誰にあるのか──「責任の移行モデル」で授業が変わる』（ダグラス・フィッシャー他著）でも、メタ認知能力の重要性が強調されていました（特に第5章を参照）。そこでは、メタ認知を「学習者自身の学びのプロセス、自分が一番学びやすい条件、実際に学びが起こったということを意識的に認識すること」と定義づけて、それを「責任の移行モデル」の四つの段階で認識する機会を提供しようとしています。

　なかでも、協働学習や個別学習において、以下の四つの質問を意識させることで、メタ認知的なつぶやきを育てることができる、としています（前掲書、181〜183ページ）。

　①自分は何を達成（実現）したいのか？
　②自分はどんな方法を使えばいいのか？
　③自分は方法をうまく使いこなせているか？
　④ほかにやれることは何だろうか？

　本書の読者であればお読みになった方も多いでしょうが、『たった一つを変えるだけ──クラスも教師も自立する「質問づくり」』（ダン・ロススタイン他著）でも、メタ認知能力の重要性に注目しています。この本では、「自分が学んでいることや

★1★実は、本書を見つけた時、イギリスで出版された『Reflective Teaching in the Primary School』(Andrew Pollard, Bassell, 1997)という本にも出会いました。本書でもその大切さが強調されている、教師が振り返りながら教える（メタ・ティーチング）をテーマにした本です。しかし、具体的な事例、実践者と研究者のコラボレーション、ページ数などの点で本書のほうが優れていたため、訳す本の選択には苦労しませんでした。

考えているプロセスについて振り返って考える能力」とし、「すべての生徒にとってより良く学べるためには欠かせないものとして捉えられるようになっています」（36〜37ページ）。そして、「できる生徒たちは読んでいる内容に対して自然に質問を投げかけたり、次に何が起こるかを予測したり、自分の理解や解釈を振り返ったりする」（37ページ）と指摘しています。

　さらに『たった一つを変えるだけ』では、発散思考と収束思考とメタ認知思考は、「今はもっていないかもしれませんが、生徒たちの誰もが身につけることのできるとても重要な思考力です。（この本で）極めて簡単の手順でこれら三つの思考力を身につけ、そして自分のものにする『質問づくり』の方法」（39ページ）が紹介されています。

　これは、本書『増補版「考える力」はこうしてつける』のなかで紹介されている五つの方法の捉え方と同じであり、特に第5章「質問」は、極めて似たアプローチが取られていると解釈することができます。

「パート1」で重要な点

欧米と日本のアプローチの違い

　本書の23〜31ページで紹介されているアプローチと、日本で主流であり続けている授業参観／研究授業＋研究協議、そして、授業参観のベースとなっている指導案というアプローチとの違いにぜひ気づいていただきたいです。後者に関しても様々な本が出版されていますが、それらを真に受けてやり続けても、授業を改善することはできません。それは、すでに過去何十年ものにわたってほとんど変わらない授業が続いてしまっているという事実が証明しているのではないでしょうか？

　教育の現場を変えていくためには、教師だけでなく保護者も学ばなければなりません。教師が学び続けるための方法は、『「学び」で組織は成長する』（拙著）と『効果10倍の〈学び〉の技法』（岩瀬直樹との共著）で紹介しています。一方、保護者の学びを中心に社会／成人　教育全般に使える方法としては『ペアレント・プロジェクト』（ジェイムズ・ボパット著）という本があります。これは、ライティング・ワークショップとリーディング・ワークショップの方法論を保護者／大人を対象に

開発したプログラムですが、対象者が誰になってもプログラムに差異はありません！

「PLC便り、みんなの学校」でネット検索していただけると分かりますが、上記のような違いは、『イギリス教育の未来を拓く小学校 「限界なき学びの創造」プロジェクト』（マンディ・スワン、アリソン・ピーコック他著）と『「みんなの学校」が教えてくれたこと：学び合いと育ち合いを見届けた3290日』（木村泰子著）との違いとも言えます。

後者は広く読まれているようですが、日本の授業や学校をよくしていくことはほとんど期待できない、と私は思っています。それに対して、前者は大いに期待できます。この違いに気づけないと、授業の未来、子どもたちの未来、そして日本社会の未来も拓いていくことができません[★2]！

自立した学習者を育てる

第2章のテーマです。ソフトとハード、両面でポジティブな学習環境をつくり出そうとしている教師は日本でも増えていると思います。本章に書かれていることを踏まえながら、子どもたちにとって居やすい場／自分をありのままで出せる場としてのクラスづくりをさらに続けていただきたいところです。

そんななかで、一番欠けているというか、疎かにされているのが33〜35ページに書かれている内容（「感情」と「知性」）だと思います。「パート2」で紹介されている具体的な方法は、ここに書かれているものをベースにしています。

「自立した学習者を育てる」というテーマで、私がこれまでに見つけたもののなかで最も優れたアプローチは、「ライティング・ワークショップ」と「リーディング・ワークショップ」です[★3]。これらは、従来の教師への依存を高める作文指導や読解指導に代わるものとして、1970年代末から1980年代初めにかけてアメリカで開発

[★2] 残念なことに日本の出版界では、良書どころか、マイナスに機能してしまうような本が少なくありません。読者が選書能力を身につけて、それを見極めなければならないのですが、次項で書いているような理由でそれを放棄してしまっているというのが日本の現状です。これは、極めて操作しやすい社会の一因になっています。

[★3] この二つについて紹介した本については、「作家の時間、オススメ図書紹介」で検索していただくとリストが見られます。「面白そう」と思えたものから読んでいただければ幸いです。

されました。その経緯についてよく分かる『In the Middle』（ナンシー・アトウェル著）という本の翻訳が平凡社から2018年夏に出版される予定となっておりますので楽しみにしてください。

　この教え方・学び方は、かなり早い時期にオーストラリアにも紹介され、本書の執筆者の一人であるウィン・ジャンさんは、毎日、小学校6年生を対象に読み・書きのワークショップを行っています。66ページに掲載されている彼女の時間割からもそれは明らかですが、これに関しては、この時間割以外に本書では一切触れられていません。あたかも、それらは「あって当たり前」のように扱われているのです（ちなみに、本書で紹介されている彼女の実践は、1980年代末から1990年代の初頭にかけて行われたものです）。

　執筆者たちが読み・書きのワークショップについて一切触れていないので、訳者である私が解説するしかありません。特に、「自立した学習者を育てる」という観点から見た場合のその実践を。

　この教え方・学び方の素晴らしさはいろいろとありますが、突出しているのは、書く題材と読む本は、書き手や読み手である子どもたちが自ら選ぶということです。本や論文などを書いたという経験のある人ならご存じでしょうが、書くことと読むことをサイクルとして捉えた場合[4]、題材選びと選書がサイクル全体の8〜9割のウェートを占めるという事実です。しかし日本では、現在に至っても主流として行われている作文教育や読解教育において、見事なぐらいにこの重要な部分が放棄されたアプローチとなっています。

　国語の授業でとられているアプローチは、依然として、教師が設定した題材について書かせたり、教科書に掲載されている教材を読むというものになっているわけですが、これによって、書くことや読むことが好きになったり、書く力や読む力がついたり、さらには学校を卒業してからも書き続けたり、読み続ける子どもたちをどれだけ輩出できているでしょうか？　書店にあふれている、「書く力」や「読む力」を伸ばすための本は、こうした思いに応えるために書かれたものであることは間違いありません。そして、学校や大学教育がそれを提供できていない、という前提にも立っています。

それに対して、ライティング・ワークショップとリーディング・ワークショップにおいて、自分が書きたい題材（テーマ）や、自分が読みたい本を見いだせる方法を身につけた子どもたちは、卒業後も書き続けたり、読み続けたりするのです。と同時に、誰にも惑わされることなく、自分に合った題材や本を選ぶことが可能となります。もちろん、読みやすい文章にするテクニックや正しい解釈を得る方法なども大切ですが、題材選びや選書に比べたら、その重要性は「二の次、三の次」と言えるでしょう。

言うまでもなく、題材選びや選書がうまくできて、書く力や読む力を身につけるため（何よりも、書くことや読むことが好きになり、楽しめるようになるため）には、書く指導や読む指導をイベント的に行っているようではダメです。前述したウィン・ジャンさんの時間割にあるように、ほぼ毎日することが不可欠となります。日々の授業において、

①ミニ・レッスン

②ひたすら書くないし読む（この間、教師がするのはカンファランスや同じような課題をもった子どもたちを集めた教師がガイドする指導）

③共有＋振り返り

が行われていると、子どもたちは授業以外の休み時間、給食・昼休み、放課後、そして家においても、書いたり、読んだりすることが習慣となります。まさに、「自立した書き手と読み手」になるのです。

しばらくすると、書く時間や読む時間は、体育の時間と同じか、それ以上に人気のある時間になるかもしれません。何といっても、自分のやりたいことができ、自らを表現することができ、自らの成長が感じられ、友だちとの交流が豊富となる時間なのです。[5]このような考え方が、本書の根底に流れていることを心に留めておいてください。

★4★「WW便り、作家のサイクル」で検索すると、その両方が見られます。
★5★これら二つの教え方・学び方については、2000年から毎週金曜日にブログを出しています。「WW便り、WWが成功する要因分析」で検索してみてください。そして、読み・書きの指導に困っている先生や楽しめていない同僚たちにご紹介ください。

クリティカルな思考

　本書の初版では、「critical thinking」という言葉を、日本で一般的となっている「批判的思考」と訳していました。「クリティカル・シンキング」に私が最初に出合ったのは、1985年頃、カナダの教師たちを対象にした「グローバル教育で大切にしたいものは何か？」というアンケート調査の結果を見た時です。この時、最高の支持を得たのが「クリティカル・シンキング」だったのです。

　正直に言うと、当時は意味をよく理解していませんでした。とはいえ、最初から「批判的だけではない」とは思っていましたので、「批判的だが建設的な思考」というように話してお茶を濁していました。

　カナダでの調査を参考にしながら、日本でも似たような調査を1990年に実施してみました。「国際理解教育で大切にしたいものは何か？」という問いかけをしたところ、ダントツの一位だったのが「思いやり」でした。恐らく、いま同じような調査をしても、両国とも同じ結果が得られると思います。とはいえ、クリティカル・シンキングなしの「思いやり」にどれだけの価値があるのかという疑問は、当時も今も持ち続けています。

　その後、1990年代の半ばに、本書の29ページにも出てくる「critical friend（初版では「批判的な友人」と訳）」をテーマにした研修会に参加したこともあります。そのやり方というか流れは、そのまま読みや書きのワークショップで教師が生徒にカンファランスする時の流れとして、あるいは生徒同士がピア・カンファランスをする時に使えると思って紹介しました。★6

　しかし、ピア・カンファランスをし始めた小学生たちは、「批判的な友だち」という名称では嫌だと拒否したのです。友だちを批判するというのは耐えられない、と言うわけです。そこで名称を「大切な友だち」と換えたら、快く受け入れてくれました。そうなんです！　子どもたちのほうが、大人（研究者や学者を含めて）よりも大切なものを見抜く力があるのです！

　確かに、「クリティカル」には「批判的な」という意味があります。しかし、そのウェートは、多く見積もっても3分の1とか4分の1ぐらいです。より多くのウェートを占めている意味は「大切なものを見抜く力」であり、「大切でないものはしっかりと排除する力」なのです。これらを身につけていない大人たちが、子ども

たちに教えることができるのでしょうか？

　このような長い経緯もあって、最近は「クリティカル・シンキング」はそのまま
カタカナで表すか、「シンキング」を「思考」にして「クリティカルな思考」と表
しています。クリティカルな思考を身につけるためにも、本書で紹介されている考
え方や方法がとても効果的です。もし、さらなる本を読みたいという方は、『たっ
た一つを変えるだけ』と『あなたが教えたことのない最高の授業！（仮題)』を参
照してください。

調べ学習 vs 探究学習

　本書は小学校の実践をベースにして著されているため、分かりやすさを配慮して
「inquiry-based learning」を「調べ学習」と初版では訳していました。しかし、「調
べ学習」には、すでに答え（正解）があるものを本や資料を使って調べさせるとい
うニュアンスが強いこと、そして、小学生でも探究学習はできますし、また必要と
いう判断のもと、今回は「調べ学習」の箇所はすべて「探究学習」に修正しました。

　「調べ学習」は、基本的に教師から与えられて行うもので、自らが進んで行うも
のではありません。夏休みに宿題として出される自由研究も、自分から進んでやる
という子どもはほとんどいないでしょう。したがって「調べ学習」には、学校のな
かで、ないし学校のためにするもの、というイメージが付きまとってしまいます。

　それに対して「探究学習」という表現は、「本物」という感じがします。学校の
外で大人が当たり前にしていることを、学校や大学という場でもやりましょう、と
いう感じです。言ってみれば、自然系であろうと人文系であろうと、研究者とはそ
れをやり続けている人たちということです。問いから始まるか、テーマから始まる
か、仮説から始まるかは別にして、探究のサイクルを回し続けていることが彼らの
仕事なのです。

　となると、調べ学習をいくら行っても、人間形成には役立つとは考えにくくなり
ます。なんと言っても、子どもたちが学校のなかで「やらされるもの」と位置づけ
ているわけですから。

....

★6★「PLC便り、大切な友だち」でネット検索をしていただくと、やり方が詳しく分かります。

一方、探究学習は「役に立つもの」と言えます。もちろん、学校を卒業してから
も、です。その際、大切となるのは、探究のサイクルを回し続けることです。すで
に指摘した作家のサイクルや、読書のサイクルを回し続けるライティング・ワーク
ショップやリーディング・ワークショップと同じです。つまり、サイクルを回すこ
とに価値があるのです。サイクルが身につけば、どこでも、何にでも応用が可能と
なります。サイクルが身につかなければ探究学習をしているとは言えない、と断言
することができます。

　もう一つのポイントとして、答えがどれだけ明快か、ということが挙げられます。
答えが明確でないほうが、子どもたちにとっては面白いのです。正解が一つだと探
す／発見する楽しみが減り、「正解当てっこゲーム」になってしまいます。そこで
重視されているのは、「速さを競う」ということだけなのです。

　問題が複雑というか、正解が一つでないものは、情報の探し方（使う本、ネット
情報、人など）によって多様な答えが見つかりますし、発見したことから教え合え
る／学び合える／刺激し合えるので、子どもたちも楽しく取り組むことができます。

　正解が一つに集約されがちな「調べ学習」に対して、多様な答えがある問題やテ
ーマに取り組むというイメージが「探究学習」には強いと言えます。また、答えが
一つじゃないから、いろいろ考えたり、解釈したり、新たに発見したりする余地も
広がるのです。したがって、発表することが、終わりではなく新たなサイクルの始
まりにもなるのです。

　言うまでもなく、調べ学習のほうは、ゴールに到着した時点で終わりです。調べ
学習派の人たちに、サイクルを回すという発想はないと思われます。そのこと自体、
教育のことを考えていないような気がしてしまいます。

　少し前のことですが、「調べ学習」と「探究学習」の違いを表すのに最適となる
文章を見つけました。以下のような文章です。

We want them to understand that there is a difference between search and research and
a parallel distinction between knowledge and learning. (*Power Up*, by Diana Neebe and
Jen Roberts, 2015, p.45)

「う～ん、まったくその通り！」と言わざるを得ません。違いは、「search（探す）」と「research（研究・探究）」にあるというのです。では、その違いとは何でしょうか？　「search」は「探す、見つける」という意味です。ニュアンスとしては、すでに存在するものを、となるでしょう。つまり、すでに答えのあるものを調べて見つけるということです。

それに対して「research」は、「search」の前に「re」を付けただけなのですが、意味がかなり違ってきます。「熱心に／徹底的に研究／探究／調査する」という意味です。すでに分かっていることを見つけるよりも、よく分かっていないことを調べるというイメージです。言葉を換えれば、「探し直す／調べ直す」と捉えることができます。それも、繰り返し何度も行っているような感じがします。さらに、そのプロセスを楽しんでいる雰囲気までがうかがえます。

「調べ学習」のほとんどは前者です。すでに本やネット上に答えが出ているものを「調べる＝探す、見つける」だけです。ひょっとすると、「切り貼りする（コピペ）」とさえ言えるかもしれません。決定的なのは、「考える」という部分が限りなく少ないということです。というか、ほとんどありません！

英文の後半部分は、とても含蓄があると言えます。「search」は、よくて「知識」、悪いと単なる「情報レベル」です。言うまでもなく、両方ともすでにあるものです。それに対して「research」は「学ぶこと」だと書いてあります。要するに、「調べ学習には、学ぶことが含まれていない」と言っているのです。単に、すでにある知識や情報を見つけている／探しているだけ、ということです。

見つけることや探すことも、もちろん探究することの一部ではありますが、それをすべてと捉えてしまうと「まずい」ということです。その割合はどのくらいなのでしょうか。扱うテーマによって違うでしょうが、多くて半分、少ないと10分の1ぐらいではないでしょうか。それほど、「見つける」や「探す」以外の部分が大切だということです。「考える」ことを中心にして、「もがいたり」「話し合う」のです。[7]

探究学習について最も参考になる本は、『PBL──学びの可能性をひらく授業づ

★7★「research」で大切なことは「research question」です。だからこそ研究者は、それを最も大切にしているのです。それに対して、「search question」という言葉は存在しません。探す時は何と言いますか？

くり』（リンダ・トープ他著）だと思います。具体的にどのように展開するかも含めて、一読されることをおすすめします。探究学習には、プロジェクト学習と問題設定・解決学習（上記の本は後者）の二つがありますが、アプローチにおいて大きな違いはありません。[8]

　なお日本では、算数の授業において「問題解決型（問題と目当てを提示し、一人で考えてから、発表、一斉でまとめるという流れ）」の授業が行われていますが、PBLとの違いは、「調べ学習」と「探究学習」との違いを説明したものに似ています。算数の問題解決型の授業を繰り返しても、子どもたちに数学的思考＝問題解決能力はつきません。何よりも教師主導であり続けていますし、子どもがサイクルを回し続けるという発想もないからです。

「生徒たちが（いまより何倍も）考えたり、話せる」ことの大切さ

　「パート2」で紹介されている方法は、このことを大前提にしています。教師ばかりが話していては、生徒達の考えるチャンスを奪うだけとなります。教師が話したり、教えることは、生徒たちが考えたり、学んだりすることと「イコール」という関係にはありません。この事実をベースに作られた表が表1-1（18ページ）です。

　ここでは、『好奇心のパワー』（キャシー・タバナー他著）で紹介されている「コミュニケーションの部分のみに特化」した表1を転載して、その内容を紹介しましょう。

　教師と生徒の関係について、より水平な関係が求められていることが分かります。なお、ここでいう「水平関係」には、「より対等、相互のフィードバックのある関係、ともに学び合い成長する関係」などの意味合いがすべて含まれています。この本には、それを実現するための具体的な方法が紹介されていますので、ぜひご一読ください。ほかにも、「生徒たちが考えたり、話せる」ようになるための具体的な方法を紹介している本として、『言葉を選ぶ、授業が変わる』（ピーター・ジョンストン著）と『あなたが教えたことのない最高の授業！』が制作中ですので、刊行されたらぜひ読んでみてください。

表1　古いコミュニケーションの枠組みから新しいコミュニケーションの枠組みへの転換

古いコミュニケーションの枠組み （上下関係、20世紀まで通用した）	新しいコミュニケーションの枠組み （水平関係、21世紀以降に通用する）
伝える／教える	問いかける
評価を下す	認める
責める	責めない
排除する	含める
一つの視点	多様な視点

（出典：『好奇心のパワー』10ページ）

カリキュラム・マネジメントについて考える

　第3章の「単元を計画する」は、1980年代の情報をベースにしているために若干古いものと言えますが、そのほとんどは、いまでも十分に参考になります。その後、1990年代に新しい方法がいくつか開発されています。『理解をもたらすカリキュラム設計』（グラント・ウィンズ他著）、『ようこそ、一人ひとりをいかす教室へ』（キャロル・トムリンソン著）、そして前掲した『「学びの責任」は誰にあるのか』などが参考になります。なお、最後の『「学びの責任」は誰にあるのか』には、『理解をもたらすカリキュラム設計』のエキスが含まれています。

　ここ数年脚光を浴びているカリキュラム・マネジメントについてですが、ボタンの掛け違えが起きているようです。カリキュラムを、「すでに歴然と存在し、それをうまくカバーするしかないもの」と捉えるのか、それとも「教師はもちろん、子どもたちも参加しながら、自分たちでつくり出すもの」と捉えるのか、です。前者と捉えてしまうと、大半の教師および子どもたちにとって、学校で教えること／学ぶことは「苦役」ということになります。一方、後者のように捉えられると、主体的に教えられる／学べる可能性が拓けてきます。あなたはどちらを選択します

★8★さらに言えば、「inquiry-based learning」と「project-based learning」、そして「problem-based learning」はほとんど同じと捉えていいと思います。いずれも、主役は学び／学び手です。教師の役割は、その環境設定と最大限のサポートをすることになります。この三つの違いは、「探究」、「プロジェクトないしテーマ」、「問題」にこだわった人たちが開発や実践・普及に携わっているという点にあります。

か？　各学校にカリキュラムの作成（教育課程の編成）権限はあるのですから、それを活かすも活かさないも、校長をはじめとした教職員の判断に任されています。次期学習指導要領は、まさにそういうことを望んでいるのではないでしょうか？

　誰が担い手なのかと同等、いや、それ以上に大切なことは、教える内容だけでカリキュラムを考えるのか、それとも学ぶことを重視する形（内容とともに、学ぶ方法や理解したりできるようになったことを証明するための成果物など）でカリキュラムを考えるか[9]。現状では、前者のみが横行していて、後者への配慮はほぼゼロという状態です。

　教科書をカバーするということは、前者のアプローチを選択していることになります。これだと、教科書をカバーした後のテストという評価方法が君臨し続け、結果的に「正解当てっこゲーム」化した学習が続くこととなります（記憶の賞味期限は、極めて短いものです。正解当てっこゲームでは、そのほとんどが残らない／身につかないことを経験してきませんでしたか？）。

　それに対して、目の前にいる子どもたちの興味関心、既有の知識や理解、学び方や学習履歴なども踏まえながら、学習指導要領をどのように押さえたらいいかを考え始めると、一律に教科書をカバーするような授業ができなくなります。なんと言っても、あまりにも違いすぎる子どもたちが目の前にいることを忘れてはいけません。

　こちらのアプローチに興味のある方は、「PLC便り、カリキュラム・マネジメントがどういうこと」でネット検索してみてください。

「パート2」で紹介されている五つの方法について

交渉

　交渉、もしくは契約は、『ようこそ、一人ひとりをいかす教室へ』（前掲）という本を先取りしたような内容となっています。「自分たちの学びに責任をもつ自立的な学習者を育てる」には、とてもよい方法であるだけでなく、個々の違いを踏まえた学びが実現できるからです。言うまでもなく、それぞれの子どもは同じように学ぶことができません。そこで、子ども自らが強みや弱みを認識し、それを活かしな

がら、「教師が生徒たち全員に獲得してほしいと思っている理解については交渉」の余地はないのですが、その他の部分を交渉して最大限の学びをつくり出そうというのがこの方法です。

子どもの側からすれば、自らが選択したり、目標を設定したり、学ぶ方法を選んだという要素が多ければ多いほど、一律に教師から与えられた課題よりも主体的に取り組めるようになりますし、自立した学び手になるための練習を続けることが可能となります。

『ようこそ、一人ひとりをいかす教室へ』には、契約という方法以外に、多様な子どもたちが自立に向かって主体的に学べる方法が紹介されていますから、ぜひ参考にしてください（特に、第7章と第8章）。

交渉をする際に使われるスキルは**表4−1**（82ページ）にまとめられていますが、前掲した『好奇心のパワー』には、特に教師の観点から身につけておいたほうがよいスキルが、具体的な方法とともに掲載されていますので、あわせてご一読ください。

質問／自問

個人的な好みですが、五つの方法のなかで最も好きなものが、「質問」（第5章）と「自己評価」（第8章）です。質問に関することが、すべて網羅されているからです。

「閉じた質問（クローズド・クエスチョン）」と「開かれた質問（オープン・クエスチョン）」は、日本でも当たり前になりつつあるようですが、ブルームの6段階の思考に合わせた質問を使いこなせている教師はまだ少ないように思います。**表5−3**（96〜97ページ）として掲載したマルチ能力と掛け合わせた表は、原書になか

★9★後者のアプローチについては、『ようこそ、一人ひとりをいかす教室へ』をご覧ください。また、その際大切なのは、内容、方法、成果物の三つに加えて「評価」という視点も外せません。評価は、教え終わった後に、子どもたちの出来・不出来を判断することが目的ではありません。もちろん、それもありますが、全体の20分の1か10分の1ぐらいのウェートしか占めていません。残りのより重要な部分を占めているのは、教師が教える過程で教え方を改善するためのフィードバックを得ることと、子どもたちが自らの学びをモニターしながら、必要に応じて修正改善したり、教師やクラスメイトから適切なフィードバックを得たりする「形成的評価」です。また、授業や単元開始前に行う診断的な「事前評価」も大切ですがここでは触れません。評価については、203〜205ページの「自己評価」の項をご覧ください。

ったものを著者らの了解を得て付け加えたものです。

この表から分かることは、目的や対象に応じて、質問の仕方を変えることが求められているということです。その意味では、日本で大事にされる発問は、限定的な人数にしか届いていないことを意味します！　このことも、指導案が機能しない理由の一つと言えます。

そして、表の一番右側にある「覚える」レベルですが、最初ではなく最後に来ることで、その価値が上がるということを表しています。逆に言えば、最初から最後までこのレベルの質問をし続けると、テストが終わっても頭に残るものがほとんどないということを意味します！

質問および自問をさらに進化させた本として、先に挙げた『たった一つを変えるだけ』がありますので、ぜひご覧になってください。

ジャーナル

この言葉、初版では「学習日誌」ないし「日誌」と訳していましたが、教育現場での認知度も得られてきたと考え、増補版では「ジャーナル」と訳し直しました。ジャーナル関連の本としては、『「振り返りジャーナル」で子どもとつながるクラス運営』（岩瀬直樹他著）が出版されていますが、「子どもとつながるクラス運営」が中心の内容となっていて、教科指導の側面からは物足りないというのが私の感想です。

教科指導での振り返りをこれまで以上に大事にしたい方には、「ライティング・ワークショップ」と「リーディング・ワークショップ」、およびその関連書籍が参考になります。「ライティング・ワークショップ」では、子どもたちに「作家ノート」を持たせることが授業の中心とも言えるのですが、そのなかで、「作家ノートとジャーナルの両方はいっしょに書かせないほうがよい。作家ノートだけで十分」といったようなことが書かれていました。

そういえば、プロの作家やノンフィクション・ライター、ジャーナリスト、詩人・俳人は、常に作家ノートを持ち歩いています。書く題材を思いついた時、またその下書きや書き直しといった作業の一部をそのノートで行っているのです。子どもたちがプロと同じようなことをする……想像するだけでも楽しくなります。

いま、このライティング・ワークショップとリーディング・ワークショップの実践があまり効果的だということで、欧米をはじめとして日本でも、他の教科においても行うことが普及し始めています。子どもたちは、それぞれ数学者ノート、科学者ノート、市民（生活者、歴史家）ノートなどを持ち歩いています。

現在、『数学的思考（Thinking Mathematically）』（ジョン・メイソン他著）という本の翻訳を進めています。そのなかで、解く（問題解決の）プロセスにおいて自分の思考や感情を書き残し、それをしっかりと振り返ったり、ほかの可能性を考えることのほうが、正解を得ることよりもはるかに大切である、というアプローチが提唱されています。

いま改めて思うと、私自身、算数・数学を13年間も学んだのに、数学的思考（問題解決能力）がほとんど身につかなかった理由が分かります。その授業では、頭の中すべてが正解のみに集中していました。どうしようもなく、もったいない13年間を過ごしてしまいました。みなさんは、それを防ぐ機会が与えられたわけですから、ぜひ逃すことなく、子どもたちに私のような後悔をさせないように指導をしてください。お願いします。

概念図

「グラフィック・オーガナイザー」は「思考ツール」として紹介されていますが、どのくらい浸透しているでしょうか？　これは、「思考の見える化」や「思考の可視化」とも言われているものです。つまり概念図は、グラフィック・オーガナイザーの一つなのです。この分野でおすすめできる本として、『子どもの思考が見える21のルーチン』（R. リチャート他著）がありますので参照してください。

グラフィック・オーガナイザーはあくまでも手段／方法であって、それ自体が目的化してしまうと本末転倒になりかねないと危惧されますので、本書で扱っているように、1章程度の扱い方がピッタリなのではないかと思っています。

自己評価

日本の教育において、最も弱い面の一つが「評価」だとかねがね思っていました。そのこともあって、『テストだけでは測れない！――人を伸ばす「評価」とは』と

いう本を2006年に執筆したわけです。

　文部科学省も、確か2000年ごろに「指導と評価の一体化」と言い出しましたが、その当人たちが、具体的にどうしたらよいのか分かっていないようで、いまだにそれは実現していません。確実に言えることは、教師が頑張って一斉指導を行っている限りは無理だ、ということです。

　先に挙げた『「学びの責任」は誰にあるのか』で紹介されているように、教師が学びの責任を徐々に生徒たちに移行していくことで形成的評価を教師が行うという余裕ができ、自らの指導方法を改善したり、生徒たちの学びを向上させるためのさらなる指導や適切なフィードバックが可能となるのです。

　また、教師サイドが評価や成績をつけることにどれだけ努力しようが、生徒たちは、一人ひとり自分流の評価を行っているという歴然とした事実もあります。その意味からしても、第8章の「生徒を（評価や成績をつけるプロセスに）巻き込む」（150ページ）や「（生徒たちに）自己評価やグループ評価」（153ページ）をさせることは、とても自然なこととなります。生徒たちを信じて、その責任を委ねさえすれば、十分にその責任を担ってくれるのです。

　『テストだけでは測れない！』のなかで紹介している事例ですが、イギリスのある高校では、卒業するまでに生徒たちは自己評価ができるようになる、ということを教育目標の一つに掲げて、それを実践していました。生徒と教師が各項目を併記する形で評価を書き込み、異なる評価をしたところについて徹底的に話し合うというのです。

　すると、4年間の高校生活のなかで、ほとんどの生徒が2年目ぐらいには教師と話す必要がなくなると言います。また、ほとんどの場合、生徒のほうが教師よりも低い評価をつけていたことも分かりました。生徒たちは、「自分はもっとできる」という意味で低めにつけているからです。

　同じく第8章に掲載されている「ポートフォリオ」（163ページ）、「評価基準表づくり」（166ページ）、「生徒中心の三者面談」（168ページ）は、自己評価を推進するための優れた媒体と言えます。これらに加えて、第6章の「ジャーナル」（117ページ）と第7章の「概念図」（132ページ）も自己評価の手段として使えます。いずれも、テストよりは何倍も優れた媒体です。教師が費やしている時間と労力よりも、

生徒たちが費やしている時間と労力のほうがはるかに大きいですし、それらの多く／すべては生徒が自らのものと思えるからです。

　考えてもみてください。テストを自分のものと思える人がどれだけいるのでしょうか？　それに比べて、ポートフォリオやジャーナルは生涯を通しての宝物にさえなるのです。

　以上の自己評価を中心にして、評価の具体的な内容や導入法に興味のある方は『テストだけでは測れない！』（あいにくと絶版ですので、図書館で借りてください）や、今年中に出版される予定となっている『ようこそ、一人ひとりをいかす教室へ』の続編にあたる『一人ひとりをいかす評価（仮題）』（キャロル・トムリンソン他著）、そして成績を生徒たちにつけさせてしまおうという『評価を巧妙に改造する（Hacking Assessment）（仮題）』（スター・サックスタイン著）を参照してください。

　また、173ページに掲載している「よい話し手」と「よい聞き手」のリストは、とてもいいのですが、大人ですらなかなか実践面ではできていない部分があります。これを実現するための本も現在、翻訳中です。先に挙げた『あなたが教えたことのない最高の授業！（仮題）』という本ですが、ここでは、年間を通して「ウェブ（蜘蛛の巣）討論」を繰り返し練習することによって、全員が対等に、同じくらいの頻度で発言するという話し合いが実現できるということが紹介されています。

　話し合いの最中、教師が発言の順番を追う形で、蜘蛛の巣のような図を描くことからこの名称がつけられました。最初は、太い糸や細い糸、そして短い糸などが描かれていくのですが、練習と振り返りを繰り返すことで徐々にきれいな蜘蛛の巣になっていくのです。

　なお、この実践における核の一つとなっているのは、事前に教師がつくったルーブリックをもとに、生徒たちが毎回グループ評価（グループの成績）をつけることです。ここでも、教師は話さず、生徒たちに話し合いをさせて、そのプロセスを振り返って評価／成績まで出し、そして次回に「改善できることは何か」を考えさせています。まさに、本書の14ページに書かれてある「評価の方法は、チーム学習や振り返りを促進するものであることが望ましい」を実現した方法と言えます。

206　増補　みなさんに伝えたいこと──「訳者による解説」

第9章で大切にしたいこと

　176ページに「外的な要因」という見出しがあります。「学校がどう組織されているか」や「カリキュラム開発」、そして「生徒のよりよい学びを引き出す学習方法」などは、学校が生徒たちに提供するなかで最も重要なものと言えるにもかかわらず、最も疎かにし続けているものではないでしょうか？

　これらのテーマについては、無料ブログとフェイスブックで「PLC便り」を検索してご覧になってください。なお、「PLC便り」には、授業や学校改善のアイディアが満載となっています。すでに6年以上にわたって、毎週日曜日に書き込まれています。無料でブログとフェイスブックが読めますので、ぜひご覧ください。みなさんの閲覧とコメントが原動力となっていますので、面白いと思ったら、ぜひ同僚や興味をもってくれそうな方にご紹介ください。

　一方、178ページの「内的要因」では「認識面」「態度面」「性格／行動面」の要因が書かれていますが、『ようこそ、一人ひとりをいかす教室へ』という本では、各生徒のレディネス、興味関心、学習履歴を踏まえる（具体的には、診断的評価と形成的評価を大事にする）形で、個々の違いに対応する学習機会の提供方法が紹介されています。

　いずれにせよ、このような方法をとることで、180ページで示されている（①選択と開かれた課題、②グループ内の相互依存関係、③目標設定とモニタリング、④自分の学びの責任を増す）に、生徒たちは積極的にかかわるようになります。このテーマを追いかけている本として、前掲書以外に『「学びの責任」は誰にあるのか』と『あなたが教えたことのない最高の授業！（仮題）』などがありますのでご参照ください。

本書をさらに自分のものにするための質問リスト

①「実践に向けて助けになる前提」にある六つの項目（13ページ）のうち、すでに自分の授業（仕事）で押さえているのはどれですか？　また、これまでに体験した教員研修（社員・職員研修も）では、どのくらい押さえられていましたか？（両者は、入れ子状態になっています！）

②あなたは、子どもたち（や部下）を、「自立した学び手」や「学びの責任を担える生徒（ないし部下）」（13～14ページ）として捉えていますか？　そのために具体的にしていることは何ですか？

③**図１－１**と**図１－２**（16ページ）について、疑問や質問はありますか？　また、「こう変えたほうがいいのではないか」という提案はありますか？　（疑問や提案は、pro.workshop@gmail.com 宛にお送りください。必ず返信します。）

④考える／学ぶ際に影響を与える要因が全部で10個紹介されていますが（15～17ページ）、これらのなかで、あなたが特に大きな要因と捉えているものはどれですか？　また、これまであまり意識していなかったものはありますか？

⑤**表１－１**（18ページ）には納得しましたか？　もし、納得できないという場合、それはどこですか？　また、修正したいところはありますか？

⑥「効果的に考えられる人」「効果的に学習できる人」「メタ認知能力のある人」について説明がされていますが（18～19ページ）、**図１－２**（16ページ）との関連で捉えるとどういうことになると思いますか？

⑦**図１－１**、**図１－２**（16ページ）と並んで、20～21ページが本書の「エキス」と言えるかもしれません。あなたは、現時点でどれだけ実践できていますか？

⑧「学齢期前の子どもたちも振り返れる」と書かれています（22ページ）。あなたは自分の生徒（部下）に、ここに挙げられている七つのうち、いくつ実践していますか？

⑨あなたは、「学びの原則」（23ページの訳注）をこれまでに意識したことがありますか？　これらはすべて受け入れられますか？　実践していますか？　どれが難しいでしょうか？

⑩「自立した学習者」「学びの責任のとれる学習者」を育てるために四つの重要な要素が紹介されていますが（33～37ページ）、あなたはこれらをどれくらい提供していますか？

⑪「クラス内の専門家」（職場内の専門家や各人の得意、34ページ）は、どのくらい把握していて、活用していますか？

⑫**表３－２**（66～67ページ）として掲載されている時間割は、著者の一人であるレスリー・ウィン・ジャン先生が1990年代の初頭に使っていたものです（対象は小

208　増補　みなさんに伝えたいこと——「訳者による解説」

学校6年生）。この時間割を見て、どんなことに気づきましたか？　オーストラリアでも、1980年代初頭までは、日本がいまだに使っている時間割と似ていました。何が理由で、このような時間割に転換したと思いますか？
⑬74～75ページには、第4章～第8章で紹介されている方法の効用がここでは紹介されていますが、あなたは、これらが学習をする際に大切なものだと考えていますか？　このなかで、子どもたちがすでに身につけていたり、あるいは身につけられるような手立てがすでに講じられているものはどれですか？　また、今後大切にしたいと思うのはどれですか？

　以上、あなたがすでに意識していたことやまだ意識していなかったこと、すでにアクションを起こしていることや起こせていないことの確認の手助けになったでしょうか？　単に質問に答えて、それで終わりでは、16ページの図（特に下の図）を実践していることにはなりません。
　上記の質問のなかで、特に一つから三つ、今後3～6か月間に大切にしたいものは何ですか（自分のニーズを明確にする）？　それを実現するために、具体的にどんなことに取り組みますか（計画を立てる）？　そして、3～6か月間、その計画を実施した後に再度振り返り、自己評価をして、再び目標設定をしてください。このサイクルを回し続ける以外に、成長し続ける方法はありません。極めてシンプルな行為なのです。
　なお、サイクルを回し続ける際、一人だけではよいアイディアが出なかったり、忙しさにかまけてサイクルを回すことを忘れたりしてしまうものです。一緒にサイクルを回せる仲間が一人でも二人でもいると、互いに刺激し合うことができ、よいサイクルを回せる可能性が高くなります。ぜひ、仲間を誘い込んでください！

上記の質問を深めるためのブックガイド
②に興味のある方は、ライティング・ワークショップとリーディング・ワークショップ関連の本をご覧ください（「作家の時間、オススメ図書紹介」で検索すると、リストが見られます）
③に興味のある方は、2018年中に刊行が予定されている『数学的思考（Thinking

Mathematically)』がおすすめです。

⑤を深めたい方は、『効果10倍の〈教える〉技術』、上記の②の本リストに含まれるもの、『たった一つを変えるだけ』と、「PLC便り」を検索してバックナンバーを見ていただくと大量の情報が得られます。

　初版の「訳者あとがき」に、「教育関係の良書が極めて少ないわが国において、いい教育書をシリーズで出していくという私のアイディアに賛同してくれた株式会社新評論の武市一幸さんに感謝します。(いま翻訳書も含めて、いろいろな企画を温めていますので、乞うご期待!)」と書きました。私にこう言わせる背景には、欧米と日本との教育関連上には100対2か3ぐらいの情報ギャップが存在するからです(「PLC便り、100対」で検索してください)。

　その宣言以前と以降に、私がかかわって出すことのできた本と、今後2年ぐらいに出版が予定されている本のタイトルをリストアップしたものを希望者にお送りします。pro.workshop@gmail.com 宛にご一報ください。ここでは、本稿「訳者による解説」で紹介させていただいた本の書誌データを記しておきます。

2017年12月10日

吉田新一郎

「訳者による解説」で紹介した本の一覧 (登場順)

・『算数・数学はアートだ！』ポール・ロックハート著、拙訳、新評論、2016年。
・『数学的思考（Thinking Mathematically）（仮題）』ジョン・メイソン他著、拙訳、新評論、2018年中刊行予定。
・『あなたが教えたことのない最高の授業！（The Best Class You Never Taught）（仮題）』アレキシス・ウィギンズ著、拙訳、新評論、2018年刊行予定。
・『「学びの責任」は誰にあるのか――「責任の移行モデル」で授業が変わる』ダグラス・フィッシャー他著、拙訳、新評論、2017年。
・『たった一つを変えるだけ――クラスも教師も自立する「質問づくり」』ダン・ロススタイン他著、拙訳、新評論、2015年。
・『「学び」で組織は成長する』拙著、光文社新書、2006年。
・『効果10倍の〈学び〉の技法』岩瀬直樹との共著、PHP新書、2007年。
・『ペアレント・プロジェクト』ジェイムズ・ボパット著、玉山幸芳ほか訳、新評論、2002年。
・『イギリス教育の未来を拓く小学校 「限界なき学びの創造」プロジェクト』マンディ・スワン、アリソン・ピーコック他著、新井浅浩ほか訳、大修館書店、2015年。
・『「みんなの学校」が教えてくれたこと:学び合いと育ち合いを見届けた3290日』木村泰子著、小学館、2015年。
・『In the Middle』（ナンシー・アトウェル著、小坂敦子ほか訳、平凡社、2018年夏刊行予定。
・『PBL――学びの可能性をひらく授業づくり』リンダ・トープ他著、伊藤通子ほか訳、北大路書房、2017年。
・『好奇心のパワー』キャシー・タバナー他著、拙訳、新評論、2017年。
・『言葉を選ぶ、授業が変わる』ピーター・ジョンストン著、長田有紀ほか訳、ミネルヴァ書房、2018年3月刊行予定。
・『理解をもたらすカリキュラム設計』グラント・ウィンズ他著、西岡加名恵訳、日本標準、2012年。
・『ようこそ、一人ひとりをいかす教室へ』キャロル・トムリンソン著、山崎敬人ほか訳、北大路書房、2017年。
・『「振り返りジャーナル」で子どもとつながるクラス運営』岩瀬直樹ほか著、ナツメ社、2017年。
・『子どもの思考が見える21のルーチン』R.リチャートほか著、黒上晴夫ほか訳、北大路書房、2015年。
・『テストだけでは測れない！――人を伸ばす「評価」とは』拙著、NHK生活人新書、2006年、絶版。
・『一人ひとりをいかす評価（仮題）』キャロル・トムリンソン他著、山元元春ほか訳、北大路書房、2018年夏刊行予定。
・『評価を巧妙に改造する（Hacking Assessment）（仮題）』スター・サックスタイン著、高瀬裕人ほか訳、新評論、2018年夏刊行予定。
・『効果10倍の〈教える〉技術――授業から企業研修まで』拙著、PHP新書、2006年。

用語解説一覧

アクティブ・リスニング——よく聴くだけでなく、話し手のメッセージをより完全に理解したり、発展させたりするために、質問したり、コメントが言える能力。

類似——似たようなものとの比較。

アサーティブ・スピーキング——相手の気分や権利を侵すことなく、自分の見解を述べられる力。

チーム学習——共通の目標を達成するためにメンバー同士が互いに助け合うグループ活動。(『「学びの責任」は誰にあるのか』新評論刊、では「協働学習」とした)

創造力——想像力や独創力と関係する。ものを新しい視点で見られる能力、思考の柔軟性、新しいアイディアをつくり出す力。

クリティカルな思考能力——成果品やプロセスやアイディアなどの吟味、分析、評価。アイディアなどの合理性や正当性をチェックする。

フィードバック——活動の結果に対して提供される情報。口頭ないし文書で提供される。

メタ認知能力——学び手が自分の思考のプロセスや方法についてもっている知識と、そのプロセスを観察し、調整できる力。

たとえ——対象や行動に対して想像的に与えられた名前、言葉、文章。たとえば、「雷は空のナイフである」。

メタ・ティーチング——自分の思考や教え方を振り返りながら、理解し、改善しようと努力すること。

交渉——自分たちの学習や行動の決定に生徒たちを巻き込むこと。

問題解決能力——よいと思える複数の答えを検討し、ベストのものを選ぶ。クリティカルな思考能力、創造力、振り返り能力が必要。

振り返り能力——表面的なものを越えて、信じていることや学びや考えを考察すること。

セルフ・エスティーム——自分自身に対して好意的に考える。

自立的な学習——学習者が自立的に学ぶ。課題や作業や評価などの学習者による選択を伴う。

自問——自分自身への問いかけ。声に出してやられるときも無言でやられるときもある。自己評価、学びの分析、体験の評価などを伴う。

自分との対話——自問に似ているが、自分自身を問うことは含まれない。

ワークシート１

振り返り／メタ認知能力　チェックリスト									
学びをよくするために、思考のプロセスを使って振り返る									
質問									
自問									
今検討中のアイディアを過去・現在・予測される経験と結び付けられる									
クリティカルに考えられる									
調べる									
明らかにする									
構成する									
推論する									
応用する									
一般化する									
仮説を立てる									
予想する									
評価する									
まとめる									
創造的に考えられる									
新しいアイディアをつくり出す									
ほかのアイディアを見つけ、考えられる									
適応性がある									
あらゆる可能性を追求する									
与えられている前提を疑ってみる									
自分の思考や学びの情報を使いこなせる									
判断ができる									
状況にあった適切な方法を選べる									
自己評価できる（自分に適した学びから、長所、短所など）									
自分の目標を設定できる――計画を立てられる									
自分の目標に向かって行動できる									

ワークシート　213

ワークシート２

探しています

名前＿＿＿＿＿＿＿＿＿＿＿＿＿＿＿＿＿＿＿＿＿＿＿＿

探している項目	名　　　前
算数が得意な人	
書くのが好きな人	
グループでの活動が好きな人	
読むのが好きな人	
スポーツをするのが好きな人	
クラスの前で話すときに緊張する人	
静かに考えられる場所が好きな人	
じっくり考えてから行動する人	
事実がたくさん書いてある本を読むのが好きな人	
グループ活動のときに記録係になるのが好きな人	

ワークシート3

私の今年の目標

私は努力します。

責任と賢さをもった生徒になることを、何故なら＿＿＿＿＿＿＿＿＿＿＿＿＿
＿＿＿＿＿＿＿＿＿＿＿＿＿＿＿＿＿＿＿＿＿＿＿＿＿＿＿＿＿＿＿＿＿＿＿

意見の不一致があったときは、クラスのみんなと相談することを、何故なら＿＿＿
＿＿＿＿＿＿＿＿＿＿＿＿＿＿＿＿＿＿＿＿＿＿＿＿＿＿＿＿＿＿＿＿＿＿＿

使ったあとはしっかり元通りにすることを、何故なら＿＿＿＿＿＿＿＿＿＿＿＿＿
＿＿＿＿＿＿＿＿＿＿＿＿＿＿＿＿＿＿＿＿＿＿＿＿＿＿＿＿＿＿＿＿＿＿＿

教室をきれいにすることを、何故なら＿＿＿＿＿＿＿＿＿＿＿＿＿＿＿＿＿＿＿＿
＿＿＿＿＿＿＿＿＿＿＿＿＿＿＿＿＿＿＿＿＿＿＿＿＿＿＿＿＿＿＿＿＿＿＿

ほかの生徒の発言を注意して聞くことを、何故なら＿＿＿＿＿＿＿＿＿＿＿＿＿＿
＿＿＿＿＿＿＿＿＿＿＿＿＿＿＿＿＿＿＿＿＿＿＿＿＿＿＿＿＿＿＿＿＿＿＿

校庭にいるときよりも静かな声で話すことを、何故なら＿＿＿＿＿＿＿＿＿＿＿＿
＿＿＿＿＿＿＿＿＿＿＿＿＿＿＿＿＿＿＿＿＿＿＿＿＿＿＿＿＿＿＿＿＿＿＿

自分の持ち物を使いやすく、きれいにしておくことを、何故なら＿＿＿＿＿＿＿＿
＿＿＿＿＿＿＿＿＿＿＿＿＿＿＿＿＿＿＿＿＿＿＿＿＿＿＿＿＿＿＿＿＿＿＿

何でも試してみることを、何故なら＿＿＿＿＿＿＿＿＿＿＿＿＿＿＿＿＿＿＿＿＿
＿＿＿＿＿＿＿＿＿＿＿＿＿＿＿＿＿＿＿＿＿＿＿＿＿＿＿＿＿＿＿＿＿＿＿

その他＿＿＿＿＿＿＿＿＿＿＿＿＿＿＿＿＿＿＿＿＿＿＿＿＿＿＿＿＿＿＿＿＿＿

名前＿＿＿＿＿＿＿＿＿＿＿＿＿＿＿＿＿＿＿＿＿＿＿＿＿＿＿＿＿＿＿＿＿＿＿

署名＿＿＿＿＿＿＿＿＿＿＿＿＿＿＿＿＿＿＿＿＿＿＿＿＿＿＿＿＿＿＿＿＿＿＿

教師の署名＿＿＿＿＿＿＿＿＿＿＿＿＿＿＿＿　　　日付＿＿＿＿＿＿＿＿＿＿＿

ワークシート 4

時間を管理するための契約

本来するべきことに加えて、私＿＿＿＿＿＿＿＿＿＿＿＿＿＿＿＿＿＿＿＿＿

は、今週末までに以下のことをします。

やるべきこと　　　　　　　　　　　　　曜日

＿＿＿＿＿＿＿＿＿＿＿＿＿＿＿＿＿＿＿　　＿＿＿＿＿＿＿＿＿

＿＿＿＿＿＿＿＿＿＿＿＿＿＿＿＿＿＿＿

＿＿＿＿＿＿＿＿＿＿＿＿＿＿＿＿＿＿＿　　＿＿＿＿＿＿＿＿＿

＿＿＿＿＿＿＿＿＿＿＿＿＿＿＿＿＿＿＿

＿＿＿＿＿＿＿＿＿＿＿＿＿＿＿＿＿＿＿　　＿＿＿＿＿＿＿＿＿

＿＿＿＿＿＿＿＿＿＿＿＿＿＿＿＿＿＿＿

＿＿＿＿＿＿＿＿＿＿＿＿＿＿＿＿＿＿＿　　＿＿＿＿＿＿＿＿＿

＿＿＿＿＿＿＿＿＿＿＿＿＿＿＿＿＿＿＿

署名＿＿＿＿＿＿＿＿＿＿＿＿＿＿＿＿＿＿＿＿＿＿＿＿＿＿＿＿＿

教師の署名＿＿＿＿＿＿＿＿＿＿＿＿＿＿＿＿＿＿＿　日付＿＿＿＿＿＿

ワークシート5

契　約　書

私は改善したいことがあります。それは、＿＿＿＿＿＿＿＿＿＿＿＿＿＿
＿＿＿＿＿＿＿＿＿＿＿＿＿＿＿＿＿＿＿＿＿＿＿＿＿＿＿＿＿＿＿＿＿

何故なら、＿＿＿＿＿＿＿＿＿＿＿＿＿＿＿＿＿＿＿＿＿＿＿＿＿＿＿＿＿
＿＿＿＿＿＿＿＿＿＿＿＿＿＿＿＿＿＿＿＿＿＿＿＿＿＿＿＿＿＿＿＿＿
＿＿＿＿＿＿＿＿＿＿＿＿＿＿＿＿＿＿＿＿＿＿＿＿＿＿＿＿＿＿＿＿＿

私は、それを＿＿＿＿＿＿＿＿＿＿＿＿＿＿＿＿＿＿＿＿＿＿＿＿＿＿＿
＿＿＿＿＿＿＿＿＿＿＿＿＿＿＿＿＿＿＿＿＿＿＿＿までに達成します。

名前＿＿＿＿＿＿＿＿＿＿＿＿＿＿＿＿＿＿＿＿＿＿＿＿＿＿＿＿＿＿＿

署名＿＿＿＿＿＿＿＿＿＿＿＿＿＿＿＿＿＿＿＿＿＿＿＿＿＿＿＿＿＿＿

教師の署名＿＿＿＿＿＿＿＿＿＿＿＿＿＿＿＿＿＿＿＿＿＿＿＿＿＿＿＿

日付＿＿＿＿＿＿＿＿

ワークシート　6

年少用の自己評価シート

チームのメンバーの名前

_____

_____

日付_____

活動名_____

（評価の項目は教師が書き込む）

あなたがどうできたかを示す顔を塗りつぶしなさい

評価項目	よかった	まあまあ	よくなかった
_____	☺	😐	☹
_____	☺	😐	☹
_____	☺	😐	☹
_____	☺	😐	☹
_____	☺	😐	☹
_____	☺	😐	☹
_____	☺	😐	☹

ワークシート7

グループ評価シート

チームのメンバーの名前

_____

_____

日付_____

活動名_____

チームがよくできたことは、

_____

_____

_____

_____

_____

_____

次にするときに、さらによくできると思うことは？

_____

_____

_____

_____

_____

_____

ワークシート 8

目標の評価シート

名前＿＿＿＿＿＿＿＿＿＿＿＿＿＿＿＿＿＿＿＿＿＿＿＿＿＿＿

日付＿＿＿＿＿＿＿＿＿＿＿＿

活動名＿＿＿＿＿＿＿＿＿＿＿＿＿＿＿＿＿＿＿＿＿＿＿＿＿＿

今日の目標は？　（達成できたものには○印を左側に書きなさい）

_____

_____

_____

_____

_____

新たに設定する目標は？

_____

_____

_____

_____

それらの目標を達成するための計画は？

_____

_____

_____

_____

_____

ワークシート 9

自己評価シート

名前＿＿＿＿＿＿＿＿＿＿＿＿＿＿＿＿＿＿＿＿＿＿

日付＿＿＿＿＿＿＿＿＿＿

活動名＿＿＿＿＿＿＿＿＿＿＿＿＿＿＿＿＿＿＿＿＿

自分を評価する

評価項目＿＿＿＿＿＿＿＿＿＿＿＿＿＿＿＿＿＿＿＿

改善の余地がある　　　　　　まあまあ　　　　　　とても満足

コメント＿＿＿＿＿＿＿＿＿＿＿＿＿＿＿＿＿＿＿＿

評価項目＿＿＿＿＿＿＿＿＿＿＿＿＿＿＿＿＿＿＿＿

改善の余地がある　　　　　　まあまあ　　　　　　とても満足

コメント＿＿＿＿＿＿＿＿＿＿＿＿＿＿＿＿＿＿＿＿

評価項目＿＿＿＿＿＿＿＿＿＿＿＿＿＿＿＿＿＿＿＿

改善の余地がある　　　　　　まあまあ　　　　　　とても満足

コメント＿＿＿＿＿＿＿＿＿＿＿＿＿＿＿＿＿＿＿＿

ワークシート10

ポートフォリオ・振り返りシート

　これらの作品をポートフォリオに含めたいのはどうしてか、説得力をもって説明できなければなりません。

名前＿＿＿＿＿＿＿＿＿集められた期間＿＿＿＿＿＿＿＿から＿＿＿＿まで

これらの作品が、自分の学びについて表してくれていることは、＿＿＿＿＿＿＿＿

＿＿＿＿＿＿＿＿＿＿＿＿＿＿＿＿＿＿＿＿＿＿＿＿＿＿＿＿＿＿＿＿＿＿＿＿

＿＿＿＿＿＿＿＿＿＿＿＿＿＿＿＿＿＿＿＿＿＿＿＿＿＿＿＿＿＿＿＿＿＿＿＿

自分ができることや変わったことについて気づいてほしい点は、＿＿＿＿＿＿＿＿

＿＿＿＿＿＿＿＿＿＿＿＿＿＿＿＿＿＿＿＿＿＿＿＿＿＿＿＿＿＿＿＿＿＿＿＿

＿＿＿＿＿＿＿＿＿＿＿＿＿＿＿＿＿＿＿＿＿＿＿＿＿＿＿＿＿＿＿＿＿＿＿＿

今後、自分の学びで必要と思っていることは、＿＿＿＿＿＿＿＿＿＿＿＿＿＿＿＿

＿＿＿＿＿＿＿＿＿＿＿＿＿＿＿＿＿＿＿＿＿＿＿＿＿＿＿＿＿＿＿＿＿＿＿＿

＿＿＿＿＿＿＿＿＿＿＿＿＿＿＿＿＿＿＿＿＿＿＿＿＿＿＿＿＿＿＿＿＿＿＿＿

コメント欄（教師、親、他の生徒など）＿＿＿＿＿＿＿＿＿＿＿＿＿＿＿＿＿＿＿

＿＿＿＿＿＿＿＿＿＿＿＿＿＿＿＿＿＿＿＿＿＿＿＿＿＿＿＿＿＿＿＿＿＿＿＿

＿＿＿＿＿＿＿＿＿＿＿＿＿＿＿＿＿＿＿＿＿＿＿＿＿＿＿＿＿＿＿＿＿＿＿＿

＿＿＿＿＿＿＿＿＿＿＿＿＿＿＿＿＿＿＿＿＿＿＿＿＿＿＿＿＿＿＿＿＿＿＿＿

参考文献一覧

Ault, C. Jr. 1985, 'Concept mapping as a study strategy in earth science', *Journal of College Science Teaching*, vol. 15, no. 1, pp.38-41.

Baird, J. 1991, 'Individual and group reflections as a basis for teaching development', in *Teaching Professional Development*, ed. P. Hughes, ACER, Melbourne.

Bloom, B. 1976, in *What To Do With the Gifted Few*, J. Wooster, DOK, New York.

Boomer, G. 1982, *Negotiating the Curriculum*, Ashton Scholastic, Gosford, NSW.

Cazden, D. 1988, *Classroom Discourse*, Heinemann, Portsmouth NJ.

Chance, P. 1986, *Thinking in The Classroom*, Teaching College Press, Columbia University.

Cohen, S. 1987, *Tests: Marked for Life*, Ashton Scholastic, Gosford, NSW.

Collis, M. & Dalton, J. 1989, *Becoming Responsible Learners*, TECSSA, Northern Tasmania.

Cowan, J. 1988, 'Struggling with self-assessment' in *Developing Student Autonomy*, ed. D. Boud, Kogan Page, New York.

De Bono, E. 1976, *CoRT Thinking l-lV*, Pergamon Press, London.

De Bono, E. 1985, *Six Thinking Hats*, Penguin, Harmondsworth.

Dilena, M., Hazell, A. & Nimon, M. 1989, *Teaching Resourcefully*, Nelson, Melbourne.

Hill, S. and Hill, T. 1990, *The Collaborative Classroom*, Eleanor Curtain, Melbourne.

Holly, M. 1984, *Keeping a Personal-Professional Journal*, Deakin University Press, Geelong.

Loughlin Vaughn, C. 1990, 'Knitting writing: the double entry journal', in *Coming to Know Writing to Learn in the Intermediate Grades*, ed. N. Atwell, Heinemann, Portsmouth NJ.

Ministry of Education (Victoria) 1986, *Extending Students' Special Abilities*, Ministry of Education, Melbourne.

Ministry of Education (Victoria) 1989, *Learning How to Learn: Investigating Effective Learning Strategies*, Ministry of Education, Melbourne.

Perrot, C. 1988, *Classroom Talk and Pupil Learning: Guidelines for Educators*, HBJ, Sydney.

Pigdon, K. & Woolley, M. (eds) 1992, *The Big Picture*, Eleanor Curtain, Melbourne.

Plowden Report 1967, *Students and their Primary Schools*, HMSO, London.

Rowe, M. 1973, *Teaching Science as Continuous Inquiry*, McGraw Hill, New York.

Scardamalia, D. Bereiter, C. & Steibeck, R. 1989, *Writing in Schools Reader*, Deakin University Press, Geelong.

Slavin, D. et al. (eds) 1985 *Learning to Cooperate and Cooperating to Learn*, Plenum Press, New York,

Tobin, K. 1986, 'The role of wait time in higher cognitive level learning', *Review of Educational Research*, no. 57, pp.69-95.

訳者紹介

吉田新一郎（よしだ・しんいちろう）

現在、「学び、出会い、発見の環境としくみをつくりだす」ラーンズケイプ（Learnscapes）代表。自分がそれまでに体験したことのなかった新しい教え方・学び方に出会ったのは、『ワールド・スタディーズ』（1991年 ERIC 刊、連絡先 eric@eric-net.org）を通して。その以来、自分の研修会の持ち方もガラッと変わってしまいました。講演をするということがなくなり、「問いかけ」が中心になりました。

その後、思考力の教え方も含めて、学習者主体の教え方・学び方を紹介したたくさんのすばらしい本に出会ってきましたが、その中には『マルチ能力が育む子どもの生きる力』（小学館）や『たった一つを変えるだけ』『「学びの責任」は誰にあるのか』（共に、新評論）なども含まれます。あらゆる教科・領域・研修における新しい教え方・学び方をお知りになりたい方はご連絡ください。

（連絡先：e-mail＝pro.workshop@gmail.com）

増補版 「考える力」はこうしてつける （検印廃止）

2004年4月15日　初版第1刷発行
2010年8月15日　初版第4刷発行
2018年2月10日　増補版第1刷発行

訳 者　吉 田 新 一 郎
発行者　武 市 一 幸

発行所　株式会社　新 評 論

〒169-0051 東京都新宿区西早稲田3-16-28
http://www.shinhyoron.co.jp

TEL 03 (3202) 7391
FAX 03 (3202) 5832
振替 00160-1-113487

落丁・乱丁はお取り替えします。
定価はカバーに表示してあります。

印刷　フォレスト
装丁　山田英春
製本　中永製本所

©吉田新一郎　2018

Printed in Japan
ISBN978-4-7948-1087-8

新評論　好評既刊　あたらしい教育を考える本

R.フレッチャー&J.ポータルピ／小坂敦子・吉田新一郎　訳
ライティング・ワークショップ
「書く」ことが好きになる教え方・学び方
「作家になる」体験を通じて「書く喜び」に導く画期的学習法。
[A5並製 182頁 1700円　ISBN978-4-7948-0732-8]

L.カルキンズ／吉田新一郎・小坂敦子　編訳
リーディング・ワークショップ
「読む」ことが好きになる教え方・学び方
子どもたちが「本のある生活」を享受できるようになる教室の実践。
[A5並製 246頁 2200円　ISBN978-4-7948-0841-7]

吉田新一郎
増補版「読む力」はこうしてつける
優れた読み手はどのように読んでいるのか？そのスキルを意識化しない「本の読み方」、その教え方を具体的に指南！
[A5並製 220頁 2000円　ISBN978-4-7948-1083-0]

P.ロックハート／吉田新一郎　訳
算数・数学はアートだ！
ワクワクする問題を子どもたちに
キース・デブリン（スタンフォード大学）すいせん！算数・数学の芸術性、表現の手法としての価値と魅力に気づかせてくれる名著！
[四六並製 188頁 1700円　ISBN978-4-7948-1035-9]

D.ロススタイン+L.サンタナ／吉田新一郎　訳
たった一つを変えるだけ
クラスも教師も自立する「質問づくり」
質問をすることは、人間がもっている最も重要な知的ツール。大切な質問づくりのスキルが容易に身につけられる方法を紹介！
[四六並製 292頁 2400円　ISBN978-4-7948-1016-8]

D.フィッシャー&N.フレイ／吉田新一郎訳
「学びの責任」は誰にあるのか
「責任の移行モデル」で授業が変わる
授業のあり方が変わり、生徒の学びの「質」と「量」が飛躍的に伸びる「責任の移行モデル」四つの要素を紹介！
[四六並製 288頁 2200円　ISBN978-4-7948-1080-9]

＊表示価格はすべて税抜本体価格です。